과목별 교과 관련 책, 똑똑하게 읽기

자기주도 창의독서법

신경화 지음

채운어린이

머리말

잘 읽어야 잘 쓸 수 있답니다!

여러분이 가장 감명깊게 읽은 책은 무엇인가요? 또 그 책을 꼽은 이유는요? '그냥 재미있어서' 라고 답하는 친구도 있을 거예요. 그것도 이유가 되긴 하겠지만 설명이 충분하지는 않아요. 어떤 부분이 재미있었는지, 어떤 내용이 감동을 주었는지 설명을 제대로 해 주지 않으면 듣는 사람이 공감할 수 없을 테니까요. 책을 제대로 읽은 사람은 **'재미있었던 것은 무엇이고 책을 통해 어떤 것을 느꼈다'** 라고 말할 수 있습니다.

독서가 중요하다는 것은 여러분도 공감할 거예요. 하지만 책을 어떻게 읽어야 할지, 무엇을 읽어야 좋을지 잘 모르는 친구들이 대부분일 거예요.

이 책은 여러분의 그런 고민을 덜어 주기 위해 쓰여졌어요. 우리는 위인전, 동시, 역사책, 동화책 등 여러 종류의 책을 접하게 됩니다. 이 때 역사책과 동시의 표현 방법이 다르듯이 그 **읽는 방법에도 각기 차이가 있어요.** 그 차이를 알고 읽어야 효과적인 읽기가 가능해진답니다.

같은 책을 읽어도 어떤 친구는 한 가지 지식밖에 못 쌓는 반면, 다른 친구는 다양한 지식을 습득하는 경우를 봤을 거예요. 그런 차이는 읽는 방법이 다르기 때문이고, 이것은 책 읽는 훈련과도 깊은 관계가 있어요. 논리적인 글쓰기와 체계적인 사고력을 갖추기 위해서는 평소에 **다양한 책을 읽고,** 또한 **책을 효과적으로 읽는 훈련**을 하는 것이 바람직하답니다.

아무쪼록 이 책이 **'읽는 방법'을 깨닫는 길잡이**가 되길 바랍니다. 그리고 자신의 생각을 구체적이고 논리적으로 표현하는 훈련을 꾸준히 하는 데 도움이 됐으면 합니다. 여러분은 이런 훈련을 통해서 어느새 훌쩍 커져 있는 자신의 생각의 크기에 깜짝 놀라게 될 거예요. 왜냐하면 **읽기는 창의성과 논리력, 그리고 사고력을 키워 주는 마법과도 같은 학습 방법**이니까요. 자, 그럼 생각의 크기를 키우는 읽기를 시작해 볼까요?

지은이 신경화

차례

제1장

교과 관련 책, 똑똑하게 읽기

우리 반 1등의 공부 비결은 똑똑한 책 읽기!

책을 통해 우리는 다양한 사람을 만날 수 있단다. 수백 년 전에 살았던 수학자를 만나기도 하지. 그래서 책 읽기는 우리가 직접 경험하지 못하는 것들을 간접적으로 경험할 수 있게 해 준단다. 이렇게 다양한 경험을 하게 되면 지식이 쌓이고 생각의 폭이 넓어져서 사고력이 향상되지.

책 속엔 역사도 있고 수학, 과학뿐만 아니라 무궁무진한 이야기들이 담겨 있어. 그렇기 때문에 학교에서 배우는 내용들이 낯설지 않을 거야. 책의 가르침을 받은 사람은, 읽는 즐거움은 기본이고 거기에 사고력이 더해져 학교 공부도 잘할 수 있단다.

1 생각의 폭과 깊이를 더해 주는 책 읽기

어떤 분야의 책을 읽은 후, 비슷한 주제를 다룬 다른 작가의 책도 읽고 비교해 보렴. 이런 식으로 책을 읽으면 다른 작가를 통해 생각의 폭이 넓어지고 좀더 깊이있는 내용까지 읽을 수 있게 된단다.

2 어휘력과 이해력이 쑥쑥!

책을 읽다 보면 종종 어려운 낱말이나 생소한 단어가 내용을 이해하는 데 걸림돌이 되기도 해. 그래서 그 뜻을 찾아 내용을 파악할 때가 있단다. 이런 과정을 통해 우리의 어휘력과 이해력이 향상된단다.

3 선행학습을 한 것 같은 책 읽기

책 속에는 학교에서 배우는 수학도 있고 과학, 사회, 국어 등 수많은 지식들이 담겨 있단다. 그래서 책을 읽으면 학교 공부에도 도움이 될 수밖에 없어. 마치 선행학습을 한 것처럼 익숙한 내용들을 수업 시간에 만나게 되는 거야.

책은 왜 만들어졌을까?

1 우리는 지금 21세기를 살고 있는데 어떻게 조선시대의 역사를 알고 있을까?

'책에 쓰여 있으니까요!' 라고 대답할지도 모르겠구나. 맞아. 역사책에 그렇게 쓰여 있어서 조선시대에 어떤 왕이 있었는지, 무슨 일을 했는지 알 수 있는 거란다.

2 그렇다면 책은 지구가 태어나던 날부터 있었을까?

문자가 생기기 전인 선사시대에는 한글, 영어, 한자와 같은 글자가 없어서 다른 사람에게 내용을 전달하려면 말로 전달해야 했어. 하지만 입으로 전달할 때마다 내용이 조금씩 달라지거나 혹은 일부를 빼먹고 전달하는 일이 생기곤 했지. 때문에 사람들은 책이라는 것을 통해 중요한 사실을 남기거나 전달하고자 했단다.

3 그런데 왜 이런 복잡한 과정을 거쳐서 기록을 남기고 책을 만들려고 했을까?

그것은 책을 읽으면 몰랐던 지식을 알 수 있기 때문이야. 책을 읽으면서 새로운 영감을 얻기도 하고, 직접 경험할 수 없는 것을 간접적으로 체험해서 상상력을 키우기도 하지. 나의 생각을 정리할 수도 있고. 책에는 지혜와 지식이 가득 담겨 있으니까 열린 마음으로 책을 읽는다면 창의성과 사고력을 쑥쑥 키울 수 있을 거야.

내가 읽어서 좋은 책! 좋은 책 선택법

아무리 좋다고 소문난 책이라 해도 읽기에 까다롭고 힘들면 '내가 읽어서 좋은 책'이 아니란다. 먼저 평소 관심을 갖고 있던 분야에 대해 생각해 보고, 그 분야에 대한 책을 선택하는 것으로 책 읽기에 흥미를 붙여 보렴.

처음부터 '나에게 알맞은 책'을 선택하기란 쉽지 않아. 일단은 자신의 관심 분야를 다룬 책 중에서 복잡하고 어려운 책보다는 단순한 구성과 주제가 뚜렷한 책을 선택하렴. 편식하면 신체 건강의 균형이 흔들리듯이, 책도 어느 한 분야만 읽으면 지식의 불균형이 나타난단다. 골고루 여러 분야의 책을 읽어야 해.

1 호기심을 자극하는 책

평소 자신이 관심을 갖고 있던 분야의 책을 선택하렴. 호기심을 채우기 위한 목적을 분명하게 갖고 있기 때문에 책 읽기가 즐거울 거야.

2 여전히 모르겠다면 고전문학으로 시작~!

여전히 어떤 책이 나에게 좋은지 선택하기 어렵다면 고전문학을 현대적으로 해석한 것부터 읽으렴. 옛날에 쓰여져 현재까지 사랑받고 있는 고전은 그럴만한 가치가 있기 때문이란다.

3 꼬리에 꼬리를 무는 책 읽기

책을 읽다 보면 유독 내용이 쉽게 이해되거나 감동을 주는 책이 있을 거야. 이런 좋은 책을 발견했다면, 그 책의 작가가 쓴 다른 책이나 비슷한 종류의 다른 책도 읽어 보렴. 좋은 책을 만날 확률도 높고 책 읽기에 대한 흥미도 높아진단다.

논술의 깊이를 더하는 책 읽기

'논술을 잘한다'는 건 자신의 생각을 잘 정리해서 다른 사람들이 읽기 좋게 글을 잘 쓴다는 뜻이야. 글을 잘 쓰는 기술적인 방법은 반복 연습을 통해 오랜 시간을 들이지 않고도 배울 수 있어. 하지만 글의 내용, 즉 생각의 깊이를 더하는 건 짧은 시간에 채우기 어렵지.

'논술'이라는 근사한 요리를 선보이기 위해서는 요리를 담아내는 그릇도 중요하지만 어떤 재료로, 어떤 맛을 내느냐가 더 중요하단다. 그 재료와 맛을 결정하는 것이 바로 '책 읽기'라고 할 수 있어.

처음부터 어떤 사회 문제에 대해 자신의 주장을 펼치기는 어려워. 책 읽기를 통해 다른 사람의 얘기를 잘 듣고 이해해서 자신의 생각을 정리하는 데 도움을 받아야 한단다.

1 잘 쓰여진 글을 많이 볼 수 있다

글을 잘 쓰기 위해서는 연습이 필요하단다. 쉽게 쓰여진 글, 정리가 잘 된 글을 보고 참고해서 글을 써 보렴. 그런 연습이 논술을 잘할 수 있도록 도와 준단다.

2 '말하기'로 자신감 충전!

재미있는 책을 읽었다면 친구들이나 부모님께 줄거리를 요약해서 말하는 연습을 해 보렴. 이를 통해 논술 훈련은 물론이고 논리적으로 말하는 능력도 키울 수 있단다.

3 다양한 시각을 연결시켜 준다

〈흥부전〉이라는 작품을 형제간의 우애에 관한 이야기로 보는 사람이 있는가 하면, 착한 사람은 복을 받고 나쁜 사람은 벌을 받는다는 이야기로 보는 의견도 있어. 또 어떤 사람은 당시의 사회를 비판한 이야기로 보기도 한단다. 책 읽기를 통해 이런 정보들을 습득하고 그 정보들을 연결지어 자신만의 생각을 펼칠 수 있단다.

세상과 나를 이어 주는 책 읽기

사람들은 가족, 학교 그리고 친구들과 서로 만나고 부딪치며 관계를 맺어가지. 친구가 되기 전에는 겉모습만 보고 편견을 갖기도 하고 괜한 오해를 하기도 하지만, 서로를 알고 이해하면서 우정을 쌓게 되지.

아쉽게도 우리는 이 세상 모든 사람과 만날 수 없기 때문에 나 아닌 다른 사람들을 이해하기란 쉬운 일이 아니란다. 하지만 책을 통해 전쟁의 공포 속에서도 용기를 잃지 않은 한 소녀를 만날 수 있고, 또 우주로 나간 달 탐사대를 만나기도 해.

책을 통해 세상 이야기를 듣기도 하고 수많은 사람들과 대화를 나눌 수도 있는 거지. 세상과 나를 이어 주는 것이 바로 책 읽기란다.

1 세상을 보는 눈이 커진다

다양한 정보들을 접하면 한쪽으로 치우친 생각을 올바르게 잡아 준단다. 친구 사이에 다툼이 생겼을 때 이 친구 말이 다르고 저 친구 말이 다르잖아. 어떤 상황이나 문제에 대해 생각하는 힘과 비판하는 능력이 생긴단다.

2 다른 사람을 이해할 수 있다

책 속에는 굉장히 많은 인물과 사건들이 나오잖아. 그걸 보면서 내 입장과 비교도 해 보고, '나라면 어땠을까?' 생각하게도 되지. 책 읽기는 다른 사람을 이해하게 도와 주며 좋은 관계를 맺을 수 있는 밑거름이 되어 준단다.

3 꿈을 찾을 수 있도록 도와 준다

책 속엔 수많은 직업이 나오고, 하는 일에 대한 설명도 나와 있으며, 각자의 꿈을 키울 수 있는 정보들이 가득 들어 있단다. 어려서부터 자신의 꿈을 이루기 위해 준비하고 노력한 사람은 행복한 사람이야. 그 꿈을 찾기 위해서라도 책 읽기를 소홀히하면 안 되겠지.

25일 완성! 창의독서법

제2장

읽으면 읽을수록 생각이 자라는 책 읽기

1일 읽기는 쓰기 실력도 향상시켜 줘

안네의 일기

유태인 소녀 안네 프랑크가 전쟁 중
힘겨운 생활 속에서도 웃음과 희망을
잃지 않고 써내려간,
실제 이야기를 담은 감동적인 일기이다.

어렵거나
귀찮게만 생각하지 말고
나처럼 일기장 친구를
사귀어 보는 건 어떨까?

출판사 두산동아 / 원작자 안네 프랑크
글쓴이 이수나 / 그린이 윤덕진

안네에게 무슨 일이? 직접 들어 보렴

〈안네의 일기〉를 쓴 소녀 안네는 전쟁의 소용돌이 속에서 두려움과 공포를 경험하게 된단다. 하지만 꿈과 희망을 잃지 않으려고 노력하면서 고민들을 일기에 고스란히 써내려갔지.

안네의 가족들은 독일군이 네덜란드를 점령한 이후 1942년 7월에 안전한 곳으로 숨게 되는데, 〈안네의 일기〉는 이 무렵부터 쓴 거야.

친구들과 마음껏 놀 수도 없고 학교에서 공부도 할 수 없는 생활을 보내는 동안 일기장 '키티'는 안네의 친구이자 안식처가 되어 준단다. 안네는 모든 걸 털어놓을 수 있는 유일한 친구인 일기장에 가족과의 문제, 이성친구에 대한 생각, 미래에 대한 불안감 등에 대해 적으며 은신처에서의 갑갑한 생활을 견뎌나갔어.

매일 밤 힘든 상황 속에서도 희망을 이야기하며 꿈을 잃지 않은 안네를 보면서 여러분도 용기를 잃지 않는 마음을 간직하길 바라.

잘 쓰기 위해서는 먼저 많이 읽어야 해

안네는 생일선물로 〈그리스 로마 신화〉를 받고 뛸 듯이 기뻤다고 쓰고 있어. 아마도 안네는 책 읽는 것을 무척 좋아했던 모양이야. 나중에 안 사실이지만 안네는 작가를 꿈꾸던 문학소녀였다는구나.

책 속엔 여러분이 경험하지 못한 세계가 있고, 만날 수 없는 다양한 사람들이 나온단다. 또 시간과 공간에 구애받지 않고 여러 가지 지식을 얻을 수도 있지. 안네처럼 생각의 크기를 키워 주는 책 읽기를 즐겨 보렴.

안네처럼 일기를 써 보렴

책 읽기를 좋아했던 안네. 일기도 아주 잘 쓰지 않았니?

쓰기를 잘하기 위해서는 먼저 무엇에 대해서 쓸지, 어떻게 표현할지 생각하는 습관을 길러둬야 해. 그래서 평소에 일기를 잘 쓰는 사람이 다른 글도 잘 쓸 수 있게 된단다. 일기를 쓰다 보면 하루를 돌아보며 자신의 생각을 정리하고 반성하게 되잖아. 어렵거나 귀찮게만 생각하지 말고 안네처럼 일기장 친구를 사귀어 보는 건 어떨까?

‘자서전’을 찾아 읽어 보렴

지은이가 직접 자신의 생애를 기록한 자서전을 찾아 읽어 보렴.
이순신 장군의 <난중일기>나 백범 김구의 <백범일지>도 감동을 전하는 자서전이란다. 또 자신이 쓴 일기도 자서전처럼 실제 있었던 일을 적은 것이니, 자신을 돌아볼 수 있는 소중한 시간이 될 거야.

또다른 ‘안네’를 만나 보렴

여전히 세계 각지에서는 분쟁이 끊이지 않고 있단다. 안네 또래의 다른 친구들이 겪은 전쟁에 대한 생생한 기록이 <빼앗긴 내일>이라는 책에 소개되어 있어. 전쟁을 겪은 친구들의 이야기를 살펴 보렴.

안네는 왜 숨어 살았지?

13살 안네가 쓰기 시작한 일기는 1944년 8월 1일자로 끝나게 된단다.
더 이상 글을 쓸 수 없었거든. 왜냐하면 독일군에 발각되어 수용소로 끌려갔기 때문이야.
왜 안네는 숨어 지내야 했을까? 왜 독일군은 유태인을 못살게 굴었을까?
이와 관련된 자료들을 찾아 읽어 보렴.

흥부전

이 책은 〈흥부전〉 내용과 더불어 '고전문학 강의' 라고 하여 총 6교시를 통해 인물, 작품 배경, 구성, 주제, 현대적 의미를 설명해 준다.

출판사 계림
지은이 이영호 / 그린이 한상언

지은이의 생각을 파악하렴

여러분은 흥부와 놀부 이야기에 대해 잘 알고 있을 거야.

그런데 〈흥부전〉은 욕심 많은 형 놀부와 착한 동생 흥부에 관한 이야기만 담고 있지는 않단다.

이 책은 흥부와 놀부 이야기와 함께 '논술 세대를 위한 우리고전문학 강의' 라는 총 6교시 강의를 통해 보충자료를 수록해 놓아서 〈흥부전〉의 시대적 배경인 조선 후기 사회도 알 수 있고 인물, 주제 등도 알 수 있도록 했단다. 이러한 정보들은 지은이의 생각을 파악하는데 많은 도움이 된단다.

지은이의 생각은 뭘까? 우리는 흥부와 놀부 이야기를 형제간의 우애에 관한 이야기라고 생각하기 쉬워. 그러나 6교시 강의를 천천히 읽어 보면 〈흥부전〉이 조선 후기 무렵에 서민을 위한 소설이었으며 원래 판소리였다는 점도 알 수 있을 거야.

다른 시각으로 주인공을 바라보자

6교시에서는, 흥부와 놀부를 바라보는 관점이 현대사회에서는 어떻게 달라질 수 있는지 설명하고 있단다. 경제적인 관점에서 보면 놀부는 경제 관념이 투철한 바람직한 인간형이고 흥부는 무능력한 인간형이라고 볼 수 있지 않을까?

이처럼 관점에 따라서 인물에 대한 평가가 달라지기도 한단다. 이렇게 바라보는 과정을 통해 논리적인 사고력을 키울 수 있지. 이 책 뒷장에 수록된 논술 문제를 통해 자신의 생각을 정리하고 해석의 깊이를 더해 보렴.

풍속화를 보는 것도 중요해

〈흥부전〉은 삽입된 그림도 해학이 넘칠 뿐만 아니라 풍속화, 사료 등 당시를 엿볼 수 있는 그림도 수록되어 있단다. 그리고 〈흥부전〉에 영향을 끼친 근원설화로 알려진 〈방이 설화〉와 〈박 타는 처녀 설화〉가 수록되어 있어 작품에 끼친 영향을 파악할 수 있도록 도와 주고 있지. 읽는 재미와 보는 재미를 함께 만끽해 보렴.

판소리계 소설을 읽어 보렴

설화로 떠돌던 이야기가 다듬어져 조선 후기에 <흥부전>으로 만들어졌다고 해. 설화로 떠돌던 이야기가 판소리로 불리고, 그것이 다시 더 많은 사람들이 즐길 수 있는 소설로 만들어졌다는 걸 알았을 거야.

이런 판소리계 소설로는 <춘향전> <심청전> <토끼전> <옹고집전> 등이 있단다. 재미와 감동을 주는 또다른 판소리계 소설도 읽어 보렴.

<흥부가>를 감상해 보렴

판소리는 슬픔, 기쁨, 분노 등 우리의 정서를 강렬하게 표현하여 듣는 이에게 감동을 선사한단다. 판소리는 소리꾼에 의해 전승되어 왔기 때문에 시대와 정서를 반영하는 폭이 더 컸지. <흥부전>을 읽을 때와는 또다른 감동을 안겨 줄, 신명나는 <흥부가> 한마당에 푹 빠져 보렴.

<삼국지> 속 장비를 만나 보렴

<삼국지>는 중국 진나라의 진수가 지은, 위·촉·오 3국의 역사책으로 고전 연구의 귀중한 자료이며 현재까지도 많이 읽히고 있단다.

우리 고전소설 <흥부전>에도 등장하는 장비는 어떤 인물인지 <삼국지>를 통해 만나 보렴.

이상한 나라의 앨리스

조끼를 입고 시계를 보는 토끼를 따라가다
토끼 굴에 떨어지게 된, 엉뚱하고 발랄한 소녀
앨리스의 이상한 나라 모험 이야기.

앨리스의 상상력에 도전해
'더 이상한 나라'를 상상해 보렴.

출판사 시공주니어 / 옮긴이 손영미
지은이 루이스 캐럴 / 그린이 존 테니얼

'이상한 나라'를 상상해 보렴

〈이상한 나라의 앨리스〉는 앨리스가 토끼 굴에 빠져 기상천외한 생물들이 사는 환상의 세계를 모험하는 이야기야. 이 세계는 앨리스가 꾸는 꿈이자 앨리스의 상상력이 만들어낸 세계란다.

이상한 나라엔 이상한 것들로 가득차 있지. 조끼를 입고 바쁘게 뛰어다니는 특이한 토끼도 있고, 몸의 크기를 조절하는 버섯, 쉬지 않고 다과회를 여는 모자장수도 있어.

앨리스의 상황에 대해, 그 원인과 결과를 짚어가며 이 책을 읽다 보면 책을 분석하고 논리적으로 사고하는 능력도 기를 수 있단다. '왜 작아졌는지' '왜 눈물의 웅덩이에 빠졌는지' 등을 따져가며 읽어 보렴. 그리고 이런 엉뚱한 꿈을 꾸는 앨리스의 상상력에도 도전해 '더 이상한 나라'를 상상하고 모험해 보렴.

상상할 수 없는 세계는 꿈조차 꿀 수가 없단다. 내가 상상할 수 있는 만큼만 보여 주는 꿈처럼 자신이 가지고 있는 생각의 능력만큼만 세상을 볼 수 있는 거란다.

'언어'를 가지고 놀아 보자

〈이상한 나라의 앨리스〉에는 '말을 가지고 장난'을 치는 장면들이 많이 나온단다. 이것을 어려운 말로 '언어유희'라고 하는데, 대부분 발음이 비슷한 말로 장난을 치지.

예를 들면 제6장 돼지와 후춧가루에서는 공작부인이 "도끼 이야기가 나왔으니 말인데, 저 애의 목을 쳐라"라고 말하는 장면이 나와. 이것은 지구의 '축'과 '도끼'의 영어 발음이 비슷한 데에서 나온 말장난이라고 설명돼 있단다.

이 책은 옮긴이가 친절하게 설명을 덧붙여놨기 때문에 이해하는 데 별 어려움은 없지만, 직접 영어 단어를 찾아 좀더 채워 보렴.

이상한 나라에 사는 생물을 찾아 보렴

이상한 나라에서는 그리펀, 기니피그, 대구, 민물거북 등이 사람처럼 행동하고 다닌단다. 사진이 수록되어 있진 않지만 이 책에는 책이 나올 당시 그림을 그린 존 테니얼 삽화가 그대로 담겨 있으니 참고하렴. 그래도 더 궁금한 사람은 인터넷 검색을 통해 이미지를 확인해 보렴.

또다른 앨리스를 만나 보렴

〈이상한 나라의 앨리스〉의 속편에 해당하는 〈거울나라의 앨리스〉도 읽어 보렴. 앨리스가 등장하는 것 외에는 내용적으로 크게 관련이 없지만 '반대'를 주제로 한 말장난이 주로 등장하는 또다른 언어 세상을 만날 수 있단다.

모험소설을 읽어 보렴

주인공의 모험을 중심으로 이야기가 전개되는 다른 모험소설도 읽어 보렴. 〈로빈슨 크루소〉 〈보물섬〉 〈허클베리 핀의 모험〉 등 모험을 통해 자신을 발견하고 한층 성숙해지는 주인공이 여러분에게 감동을 선사할 거야.

로버트 사우디의 시를 찾아 보렴

앨리스는 애벌레와의 대화 중 〈윌리엄 신부님, 신부님은 늙으셨고〉 시를 암송한단다.

이 시는 로버트 사우디의 시 〈노인의 안락과 그것을 얻는 법〉을 패러디한 것으로 알려졌는데, 원래의 시를 읽고 비교해 보렴.

그 속에서 놀던 때가 그립습니다

'꼬까신' '퐁당퐁당' '따오기' '섬집 아기'
'과수원 길' 등 노래로 익숙한 동시는 물론,
오랜 기간 세대를 뛰어넘어 사랑받아온
동시 50편이 서정적인 그림과 함께 감동을 전해 준다.

출판사 문학동네어린이
지은이 강소천 외 / 그린이 양혜원, 윤종태

상상력과 감수성을 높여 주는 책 읽기

시를 읽고 해석하는 일은 왜 어려울까? 그건 아마 시는 긴 설명을 하지 않기 때문일 거야. 시에 쓰인 단어 즉, 시어는 짧고 비유적인 표현들로 가득하잖아. 그런데 이런 특징 때문에 오히려 읽는 사람에게 무한한 상상력과 감수성을 키워 주기도 한단다.

그렇다면 '어떻게 읽어야 상상력과 감수성을 향상시킬 수 있을까?' 를 고민하게 되지.

먼저 시를 읽을 때 '누가 얘기하는 것인가(보통 '화자' 라고 함)' 를 파악하렴. 최순애 님의 '오빠 생각' 은 제목만 봐도 화자를 미루어 짐작할 수 있지. 시 속 화자가 갓난아기인지, 남자인지 여자인지를 파악하고 작품 속 화자가 된 상상을 하고 읽어 보렴.

그리고 일반적으로 제목은 작품의 핵심을 말해 준다는 것과 후반부로 갈수록 작가의 생각이 강하게 드러나는 경향이 있다는 걸 꼭 기억해두렴. 또 하나, 소설책 보듯이 다음 장을 넘기지 말고 한 행, 한 행 쉬어가며 읽으렴.

다양한 표현 기법을 알아 보렴

윤동주 님의 '소년' 은 산문체 형식으로 되어 있어 마치 시가 아니라 한 장의 편지를 읽는 느낌을 준단다. 한하운 님의 '개구리' 는 오직 소리를 흉내내는 의성어로만 가득 차 있어서 독자를 어리둥절하게 만들지. 그리고 권오삼 님의 '도토리나무가 부르는 슬픈 노래1' 은 도토리나무를 사람에 빗대어 표현해 시를 읽는 내내 웃음짓게 만든단다.

이 책은 서정적인 그림을 함께 담고 있어서 그 감동의 깊이를 더해 주지. 시에서 볼 수 있는 다양한 표현 기법과 서정적 언어들이 펼치는 세상에 동참해 보렴.

시인이 궁금하면 소개를 펼쳐 보렴

책 뒷부분을 보면 50명의 시인에 대한 간략한 소개가 나와 있단다. 태어난 시기, 활동 사항, 작품에 대한 간략한 소개이지. 1890년대에 태어난 작가, 1960년대에 태어난 작가를 보면서 시대적 배경도 짐작할 수 있을 거야. 1894년에 태어난 한정동 시인과 1965년에 태어난 신형건 시인의 작품을 비교해 보는 것도 재미있지 않을까?

느낌을 살려 낭독해 보렴

최계락 님의 <꼬까신>, 윤석중 님의 <퐁당퐁당>, 한정동 님의 <따오기>, 한인현 님의 <섬집 아기>, 박화목 님의 <과수원 길> 등 몇몇 시는 동요로 들어 본 적이 있을 거야.

운율이 있는 시는 그 느낌을 살려 낭독해 보렴. 좋아하는 시 한 편 정도 암송할 수 있다면 멋진 일 아니겠니?

좋아하는 시인의 시집 읽기

특별히 가슴을 울리는 동시가 있었니? 그렇다면 이번 기회에 그 작가의 동시집을 찾아 읽어 보렴.

책 뒷부분에 나온 시인에 대한 소개 글에서 시집을 찾아 보렴. 시인의 다른 작품을 통해 세상을 보는 다양한 시각과 감수성을 체험할 수 있을 거야.

교과서에 수록된 시 찾아 읽기

이 책에 수록된 시 중 이문구 시인의 '산 너머 저쪽'은 4학년 국어 교과서에 수록되어 있단다. 또 책을 읽다 보면 '어, 이거 어디서 본 것 같은데?' 하는 생각이 들 때가 있지? 수업 시간에 시를 감상하고 해석하던 기억을 떠올려 보면 그 때의 추억도 함께 떠오를 거야.

셰익스피어 4대 비극

셰익스피어의 4대 비극 〈햄릿〉 〈리어 왕〉 〈오셀로〉 〈맥베스〉를 이야기 형식으로 재구성했다. 주인공의 심리 변화에 따른 사건의 원인과 결과를 한눈에 볼 수 있다.

출판사 예림당 / 원작자 셰익스피어
편저자 유영일 / 그린이 한동석

인물의 성격을 통해 인과 관계를 파악하렴

'햄릿형 인물' 이란 어떤 사람을 두고 하는 말일까?

햄릿은 아버지의 유령을 본 후, 아버지의 죽음에 삼촌이 관련됐다는 사실을 알고 복수를 다짐해. 또 그런 삼촌과 재혼한 어머니를 용서할 수 없었지. 하지만 햄릿은 우유부단한 성격 탓에 복수를 감행하지 못하고 고민만 하며, 괴로움을 이기지 못하고 자살까지 생각하기에 이른단다. 그는 고뇌하며 "죽느냐 사느냐 그것이 문제로다"라고 말하게 되지. 그래서 사람들은 쉽게 결단을 내리지 못하는 우유부단한 사람을 '햄릿형 인물' 이라고 부른단다.

이 책은 '이 말이 왜 나왔지?' '무엇 때문에 고민에 빠진 거지?' 이런 의문을 품으며 읽는 자세가 중요하단다. 왜냐하면 인물의 성격 파악을 통해 내용을 파악할 수 있고, 그것을 통해 작품의 주제를 알 수 있기 때문이야.

〈셰익스피어 4대 비극〉에는 등장인물에 대한 소개가 수록되어 있으니 작품을 이해하는 데 도움이 될 거야.

영국이라는 나라에도 관심을 갖고 읽으렴

셰익스피어가 살던 당시의 영국은 종교개혁과 왕위 계승 문제 등으로 큰 혼란을 겪고 있었단다. 셰익스피어가 권력에 대한 인간의 욕망과 갈등을 작품 속에 잘 표현해낼 수 있었던 것도 이런 시대적 배경과 결코 무관하지 않은 걸로 보여.

영국의 고전이기는 하지만 이 책은 현대적으로 쉽게 재구성했기 때문에 어렵지 않게 읽을 수 있을 거야. 간혹 한자가 나오지만 페이지 아래에 한자를 풀이해 두었단다. 또 옛날 영국에서 썼던 형벌 기구 등 생소한 단어는 낱말 뜻을 풀이해 두었으니 참고하렴.

논술 연습을 해 보렴

작품을 다 읽은 후, 작품별 줄거리와 감상을 정리하면 논리력과 분석력 향상에 많은 도움이 될 거야. 이 책은 '읽기 후 활동' 단원에 논술 실전 예제를 수록해 놓았단다. 표현력을 동원해 진지하게 글을 써 보렴. 생각처럼 쉽지는 않을 거야. 연습이 부족하기 때문이지. 어렵게 생각하지 말고 자신의 생각을 정리하는 연습을 꾸준히 해 보렴.

‘희곡’ 형식으로 된 작품 읽기

<셰익스피어 4대 비극>은 이야기 형식으로 재구성되었지만, 원래 셰익스피어의 작품들은 대부분 연극 공연을 위한 대본인 ‘희곡’이란다.
희곡 형식으로 된 <햄릿> <리어 왕> <오셀로> <맥베스>를 읽어 보렴.

셰익스피어의 ‘희극’도 읽어 보렴

셰익스피어는 비극적인 작품만 쓴 게 아니야. <한여름밤의 꿈> <베니스의 상인> <헛소동> <마음대로 하세요> <십이야> <겨울 이야기> 등 행복한 결말을 맺는 작품들도 많이 썼지. 이런 것을 ‘희극’이라고 해. 셰익스피어의 유머와 사랑에 대한 감성을 확인해 보렴.

작가에 대해 알아 보자

역사상 가장 위대한 극작가로 칭송받는 셰익스피어는 시인이자 극작가로 지금까지도 전 세계인들의 사랑을 받고 있단다.
그가 살았던 14~16세기는 유럽 여러 나라에서 인간성 회복을 위한 문화 운동이 폭넓게 일어나던 시대였어. 당시의 시대상과 작가 셰익스피어의 생애를 알 수 있는 책도 읽어 보렴.

허균이 들려 주는
홍길동전

이 책은 작가 허균의 일대기를 통해 〈홍길동전〉이 탄생하게 된 시대적 배경을 보여 주고, 그로 인해 작품에 대한 폭넓은 이해가 가능하도록 도와 준다.

〈홍길동전〉은 판타지 영화를 보는 듯한 착각에 빠지게도 하지.

출판사 세상모든책
지은이 최태림 / 그린이 김고은

허균이 살던 시대적 배경을 눈여겨 봐

홍길동은 왜 아버지를 아버지라 부르지 못하고, 형을 형이라 부르지 못했을까? 이 질문에 답하기 위해서는 작가 허균이 살던 조선시대를 이해할 필요가 있단다.

조선시대에는 개인의 신분이 세습되는 계급제도가 있었어. 신분에 따라 사는 집도 다르고, 옷 색깔도 달랐지. 뿐만 아니라 첩의 자식이나 그 자손을 차별하는 제도가 있었는데 바로 '서얼제도' 라는 거야. 서얼 출신인 홍길동은 타고난 신분 때문에 아버지를 아버지라 부르지 못하고 대감이라고 불러야 했어.

그렇다면 허균은 어떻게 이런 주인공을 생각하게 됐을까?

어려서부터 글재주가 남달랐던 허균은 오만함으로 가득 차 있었어. 그런데 글재주는 뛰어났지만 벼슬자리에는 오를 수 없었던 서얼 출신의 '손곡 이달' 을 만나 자신의 오만함을 반성하게 되지.

그를 스승으로 삼아 글을 배우게 된 허균은 타고난 신분 때문에 그 능력을 인정받지 못하는 스승을 보며 신분제도에 대해 비판적인 시각을 갖게 되었어. 이렇게 작가의 일대기와 비교해서 읽으면 쉽고 재미있게 작품을 이해할 수 있단다.

고전소설 속 한자도 어렵지 않아

이 책은 어려운 한자도 쉽게 풀어 썼기 때문에 큰 어려움 없이 술술 읽을 수 있단다.

그리고 별표가 있는 단어는 각 단원 마지막에 있는 도움말을 참고하면 도움이 될 거야.

간혹 지금은 쓰지 않는 생소한 호칭이나 관직 이름이 나오기도 하지만, 내용을 이해하는 데는 큰 지장이 없으니까 너무 걱정하지 말고, 책 속 한자의 의미를 알아가는 재미도 함께 만끽해 보렴.

판타지 영화를 보듯 상상하며 읽으렴

홍길동은 그 재주가 뛰어나 축지법은 기본이요, 동에 번쩍 서에 번쩍 나타나며, 구름을 타고 천하를 호령하고, 허수아비를 이용한 분신술로 임금을 놀래키는 등 그의 활약상은 상상을 초월해. 마치 판타지 영화를 보는 듯한 착각에 빠지게도 하지.

자, 상상해 보렴. 눈앞에 8명의 홍길동과 마주치게 될지도 몰라.

역사적 사건에 대해 알아 보자

허균은 '임진왜란' 때문에 만삭의 아내와 먼 피난길을 떠나야 했다는 걸 책을 통해 알았을 거야. 전쟁으로 인해 결국 아내와 아들을 모두 잃고 허균은 한참동안 방황하게 된단다. 위험을 무릅쓰고 피난길에 오를 수밖에 없었던 '임진왜란'에 대해 알아 보렴.

역사 속 실존인물도 찾아 보렴

서얼에 대한 차별이 좀처럼 없어지지 않자 이에 불만을 품은 서얼들 사이에서는 저항 의식이 생겨났고, 광해군이 즉위한 후 반란을 일으켰다고 전해지고 있어. 광해군이라는 임금은 영화나 드라마 소재로 자주 다루어졌는데, 그만큼 흥미로운 인물이라는 반증이겠지. 역사 속 광해군도 만나 보렴.

허난설헌의 작품도 읽어 보렴

허균의 누이 허난설헌은 어려서부터 글재주가 남달라 '여자 신동'으로 불렸다고 책에서 읽었을 거야. 허난설헌은 죽기 전에 자신의 작품 대다수를 불태웠지만 전해내려오는 작품도 있단다. 그녀의 작품을 찾아 읽어 보렴. 또 다른 감동을 선사할 거야.

7일 읽기는 추리 능력도 향상시켜 줘

명탐정 셜록 홈즈의

바스커빌 가문의 개

유명 추리소설 작가인 아서 코난 도일의 대표작 중 하나이다. 명쾌한 추리로 사건을 해결하는 탐정 홈즈의 활약이 돋보인다.

그림을 그리듯이 머릿속으로 상황을 상상해 봐.

출판사 글송이 / 지은이 아서 코난 도일
옮긴이 엔터스코리아 / 그린이 노경해

셜록 홈즈가 된 것처럼 상상하며 읽으렴

늦은 저녁, 초인종을 눌러도 아무런 대답이 없는 집에 들어가는 상상을 해 보렴. 집 안에 불은 환히 켜져 있는데 바닥에는 찢어져 어지럽혀진 편지 한 장이, 탁자 위에는 아직 온기가 남아 있는 빈 찻잔이 놓여 있다면 어떻게 추리할 수 있을까? 눈을 감고 내가 형사가 되어 그 자리에 서 있다고 생각하면 더욱 흥미로울 거야.

셜록 홈즈. 평범한 몸짓이나 작은 종잇조각만으로도 오래 전에 일어난 사건을 척척 추리해내는 명탐정이지. 영국의 작가 아서 코난 도일이 쓴 추리소설에 등장하는 주인공이야.

홈즈는 의사 친구인 왓슨과 사건 해결을 항상 같이 하는데, 범인일 것 같은 사람이 떠오르면 자신이 실제 범인인 것처럼 생각하고 행동해서 결론을 이끌어낸단다.

코난 도일의 소설은 홈즈의 매우 세세한 생각까지 표현해서 글을 읽고 있으면 마치 내 자신이 그 자리에 서 있는 것 같은 기분이 들기도 해. 한번 읽어 봐. 하지만 그냥 물 흐르듯 대강 읽으면 마지막 장을 덮을 때까지도 헷갈리기만 할 거야.

특히 〈바스커빌 가문의 개〉에는 여러 등장인물이 독특한 행동들을 보여 줘서 읽는 내내 범인을 찾기가 쉽지 않단다. 매우 단순한 사건처럼 보이는데도 말이지.

게다가 대부분의 사람들은 사건의 범인을 바스커빌 가문의 저주라고 생각하고 있거든.

더욱이 이 소설은 친구인 왓슨이 경험한 사건을 우리에게 이야기하는 것처럼 썼기 때문에 우리는 홈즈가 어떤 생각으로 그런 행동을 하는지 완전하게 이해하기 힘들어.

등장인물을 잘 파악하렴

추리소설을 읽는 것이 너무 어려울 것 같니? 아니야, 그렇지 않단다. 그림을 그리듯이 머릿속에 상황을 상상해 보는 거야.

읽는 내내 홈즈가 사건을 풀 듯, 사건의 원인이 될 만한 문제를 찾아 이야기를 꾸며가며 읽으면 좋아.

그러려면 새로운 등장인물이 나타날 때마다 인물의 특징을 잘 살펴가며 읽어야 해. 자신이 꾸민 이야기에 등장인물을 넣어 결론을 이끌어내 보는 것도 잊지 말고. 그렇게 읽다 보면 나 자신이 마치 탐정이 된 기분이 들기도 할 거야.

사소한 문장도 눈여겨서 읽으렴

그리고 또 하나, 작은 문장 하나도 놓치지 않고 잘 기억해두면 범인을 찾는 데 도움이 될 거야.

예를 들면 '그는 구두끈을 꽉 조여 신는 습관이 있었다.' 간혹 이런 문장은 특별해 보이지 않아서 범인을 찾는 우리를 속이기도 해. 하지만 꼼꼼하게 읽어두면 범인을 찾을 수 있는 결정적인 단서가 되기도 한단다. 홈즈도 몇 가지 일어날 만한 생각을 갖고 범인으로 보이는 사람을 사건과 연결시켜서 결론을 이끌어내거든.

이 책의 줄거리와 범인이 궁금하다고? 그렇다면 직접 읽어 보렴. 내 이야기를 듣는 것보다 훨씬 재미있을 거야. 너희들도 책을 잘 읽어가다 보면 홈즈처럼 명탐정이 될 수 있을 거야.

홈즈의 생각과 어떻게 달랐니?

네가 예상했던 인물이 범인이 맞았니? 생각했던 인물이 범인이 아니라면 홈즈의 생각과 어떤 부분이 달랐는지 비교해 보렴.
이야기가 복잡해서 잘 모르겠다면 책의 처음에 나오는 등장인물 소개를 보렴. 성격 설명과 사건의 힌트가 적혀 있어서 내용을 파악하는 데 도움이 될 거야.

사건 지도를 그려 보렴

등장인물 소개를 봐도 내용이 어렵다고? 그러면 사건 지도를 그려 보렴.
방법은 간단해. 큰 종이 한 장을 놓고 책을 읽는 거야.
주인공의 집, 홈즈의 사무실 등을 종이에 그린 뒤 새로운 등장인물이 나올 때마다 그 장소에 등장인물을 그려넣는 거지.
헷갈리거나 꼭 기억하고 싶은 내용을 표시해두는 거야. 등장인물 옆에 특이사항을 짧게 적어도 좋고.
그릴 땐 연필로 그리는 게 좋아. 그래야 홈즈가 움직일 때마다그림을 지우고 다시 그릴 수 있잖아. 홈즈와 등장인물의 움직임대로 사건 지도의 그림들도 따라 움직여야 하거든.

25일 완성! 창의독서법

제3장 과거와 현재를 알면 더 큰 미래가 보인다

우리 음식에 담긴 12가지

역사 이야기

우리가 평소에 먹는 음식들이 언제부터 이어져 내려왔는지 재미있는 이야기를 통해 보여 주고 있다. 이를 통해 음식 하나하나가 살아 있는 우리 역사임을 깨닫게 된다.

고려는 불교를 믿은 나라였기 때문에 고기를 멀리했단다. 이렇게 음식과 종교는 서로 영향을 주고 받는 관계란다.

출판사 어린이작가정신
지은이 김선희 / 그린이 문종성

음식의 유래를 통해 우리 역사 알기

〈우리 음식에 담긴 12가지 역사 이야기〉를 보면 음식에 얽힌 옛이야기 속에 담긴 고구려, 고려, 조선시대 등 우리 조상들의 삶을 엿볼 수 있단다.

우리가 즐겨먹는 불고기는 언제부터 먹었을까? 불고기 맛은 어떻게 달라졌을까? 오늘날의 불고기는 일제시대 양조간장의 영향을 많이 받았다고 해. 집에서 직접 담가먹던 조선간장은 짠맛이 강했지. 하지만 양조간장은 단맛이 강하기 때문에 간장에 재워먹던 불고기도 단맛이 강해지게 됐다고 해.

또 고려는 불교를 믿던 나라였기 때문에, 살아 있는 것을 함부로 죽이지 말라는 가르침에 따라 고기를 멀리했단다. 그래서 고기를 이용한 요리법이 크게 발달하지 못했지. 대신에 마시는 차 문화가 발달했어. 차를 마실 때는 떡이나 과자 같은 것을 함께 먹게 되니 자연스럽게 떡과 과자도 발달하게 되었고.

조선시대에는 유교의 영향으로 조상을 섬기는 제사문화가 발달하고 더불어 제사 관련 음식이 발달하게 되었지.

‘자세히 살펴보기’를 자세히 보렴

각 단원 끝에 마련된 ‘자세히 살펴보기’ 코너에서는 고추장 담그는 법, 김치의 종류, 젓갈의 종류 등 각 장의 내용과 연결된 더 깊은 정보를 접할 수 있단다. 임금님께 올리는 수라상, 제사상에 올리지 않는 음식 등에 대한 설명도 자세하게 나와 있어.

간혹 어려운 낱말이 나오기도 할 거야. 낱말풀이는 책 아래쪽에 별표로 따로 마련해 두었으니 참고하렴. 이 낱말풀이만 잘 정리해도 폭넓은 지식을 습득할 수 있을 거야.

그림과 설명글을 자세히 보렴

이 책에는 여러분의 이해를 돕기 위해 그림이 많이 나온단다. 그림을 보면 이 책에서 설명하는 역사와 음식과의 관계를 좀더 쉽게 이해할 수 있어. 또 그림 옆에는 ‘고추와 숯을 장 위에 띄우면 살균 효과가 있습니다.’ 등의 설명글이 붙어 있으니 이 글도 잘 읽도록 하렴.

'칭기즈칸'에 대해 알아 보렴

고려는 오랫동안 몽골이 세운 원나라에 조공을 바치는 상황을 했단다. 그때 몽골로 끌려간 고려 여인들의 이야기를 들려 주며 상추쌈에 얽힌 사연을 싣고 있지.

몽골에는 세계의 절반을 정복하고 통치한 '칭기즈칸'이라는 왕이 있었단다. 평범한 유목민으로 태어난 칭기즈칸이 어떻게 왕이 될 수 있었을까? 자료를 찾아 읽어 보렴.

'우장춘 박사'의 업적을 찾아 읽어 보렴

스웨덴 왕립학회에서 선정한 세계 10대 육종가로 선정될 만큼 우장춘 박사의 연구 업적은 세계적으로 인정받고 있단다.

우장춘 박사는 우리 환경에 맞는 씨앗을 개발하기 위해 밤낮으로 연구에 매진했다고 해. 그의 생애와 연구 업적을 찾아 읽어 보렴.

음식에 담긴 전통과 문화 더 읽기

다른 나라 친구들은 어떤 음식을 먹을까? 나라마다 식사 예절은 어떻게 다를까? 세계 여러 나라 대표 음식에 담긴 전통과 문화를 읽어 보렴. 음식을 만드는 방법까지 알고 싶다면 <지구마을 어린이 요리책> 등을 참고하고.

9일 세계를 한눈에! 떠나자, 지도여행!

손에 잡히는
사회 교과서7-지도

지도의 쓰임새와 의미, 활용 방법, 과학적 원리와 역사 속의 지도까지 다루었다. 초등학교 지리를 한데 묶어 개념과 체계를 잡은 점이 특징이다.

출판사 길벗스쿨
지은이 엄정훈 / 그린이 김경옥

'암기'보다는 끝까지 읽는 게 더 중요해

"인적이 드문 작은 섬 남동쪽 해안가에 있는 모래사장을 지나 서쪽 작은 오솔길을 따라가다 보면 오두막집이 나오는데, 거기서 50미터를 더 가면 우물이 나오고 그 우물을 지나 서쪽으로 계속 가면 작은 묘지가 보일 거야. 묘지에서 북쪽으로 100미터를 더 가면 폭포가 눈앞에 펼쳐지는데, 폭포 물줄기를 뚫고 동굴 입구에 다다르면 보물이 반짝이고 있을 거야!"

헉헉! 보물이 있는 위치를 말로 설명하려니 숨이 차네. 다시 설명해 달라고 하면 난감하겠는걸. 누가 봐도 한눈에 알 수 있게 간단한 그림과 기호로 나타낼 순 없을까?

〈손에 잡히는 사회 교과서7-지도〉 이 책은 학년별로 흩어져 있는 사회교과 과정을 생활 속 이야기로 엮어 체계를 잡아 준단다.

지도를 보면 지역, 나라, 시대마다 조금씩 차이는 있지만 넓이, 거리, 특색 등을 한눈에 알 수 있지.

교과서와 함께 보면 더 유익해

이 책에는 사회 교과서에 나오는 내용이 주제별로 구성되어 있단다. 그리고 '차례' 를 보면 학년별 관련 교과가 수록되어 있어 필요한 내용을 손쉽게 찾아볼 수 있어.

뿐만 아니라 지도 제작을 위한 세계 각국의 노력을 재밌게 설명해 주고, 그림을 이용해 어려운 개념을 이해하기 쉽게 설명해 준단다. 교과서에서 이미 배우긴 했지만 지나쳤던 내용을 찾아 다시 한 번 읽어 보렴. '아, 이게 그거였구나!' 하고 감탄사를 내뱉게 될지도 몰라. 또 앞으로 배울 내용들을 이 책에서 미리 접해 보고 교과서를 읽으면 한결 더 머릿속에 쏙쏙 들어올 거야.

'사회과부도'를 이용해 보렴

지도를 익숙하게 볼 수 있으려면 여러 종류의 지도를 자주 접해 보는 것이 가장 좋은 방법이야. 혹시 교과서 받을 때 함께 받은 '사회과부도' 를 기억하니? 책에 수록된 대한민국 전도를 더 크게 보고 싶다면 사회과부도를 찾아 보렴.

부록과 찾아보기를 활용하렴

각 단원별 핵심 개념을 파악했다고 생각했는데, 그래도 헛갈릴 때가 있을 거야. 그럼 책 뒤에 있는 찾아보기를 보고 다시 한 번 관련 내용을 확인해 보렴. 찾아보기를 이용하면 쉽고 빠르게 관련 내용을 찾을 수 있단다.
그리고 부록으로 삽입되어 있는 그림, 도표 등을 이용하면 학습 효과를 높일 수 있을 거야.

조금씩 변하고 있는 지도를 알아 보자

지구온난화로 인해 남극, 북극의 빙하가 녹고 해수면이 상승하고 있다는 말은 많이 들어 봤을 거야. 해수면이 상승하면 지도의 형태도 조금씩 달라진단다. 해수면의 상승과 지도의 변화가 궁금하지 않니?

'국토지리정보원'을 방문해 보렴

우리나라의 국토지리나 지형에 관한 다양한 연구 활동을 하는 국가기관이 바로 '국토지리정보원'이야.
이 사이트를 방문해 보렴. 지도를 다운받아서 볼 수도 있고 다양한 지도 관련 정보도 접할 수 있단다.

더불어 사는
행복한 정치

어렵게만 생각하는 '정치'의 의미를 실제 일어난 사건과 쉬운 전래동화를 통해 설명하고, 그 의미를 함께 고민하고 생각할 수 있도록 구성한 책이다.

출판사 청어람주니어
지은이 서해경, 이소영 / 그린이 김원희

다같이 행복하기 위해 정치적이 되자?!

반장 선거가 있는 날, 후보들이 차례대로 교단 앞에 나와 '저를 반장으로 뽑아 주신다면…' 으로 시작하는 연설을 할 거야.

만약 여러분이 연설을 한다면 뭐라고 할까? '공부 잘하는 학급으로 만들겠다' '따뜻한 반을 만들겠다' 등 여러 공약을 펼치겠지. 이렇게 학급의 대표를 뽑는 반장 선거뿐만 아니라 학급회의를 통해 의견을 나누고 규칙 등을 정하는 활동을 '정치' 라고 할 수 있단다.

그렇다면 나랏일을 하는 사람들은 어떨까? 국민을 대신해 정치를 잘하라고 대표로 뽑았으니까 국민의 자유와 권리를 지키고 행복하게 살 수 있도록 힘써야겠지?

〈더불어 사는 행복한 정치〉는 실제 일어난 사건과 쉬운 전래동화를 들려 주면서 그 이야기가 주는 교훈을 통해 '더불어 사는 정치' 를 함께 고민하고 생각할 기회를 제공하는 책이란다.

나와 우리 모두에 대해 관심을 갖는 것이 정치의 시작이라고 해. 나랏일에 관심을 갖고 더불어 행복한 정치를 만드는 '민주시민' 이 될 준비를 시작하렴.

국가기관에 대한 궁금증을 풀어 줘

나랏일을 맡은 관리들이 일을 잘하고 있는지, 잘못하는 건 없는지 감찰하던 제도는 옛날부터 있었어.

'암행어사 출두요~!' 하고 외치며 등장해서 욕심 많은 사또를 벌하던 암행어사도 감찰제도 중 하나였단다.

오늘날의 감찰기관으로는 '감사원'이 대표적이야. 그리고 시민들의 정치 참여 의식이 높아지면서 '함께하는 시민행동'이라는 시민단체도 생겼지. 이 책에는 국가기관에 대한 설명도 자세하게 나와 있으니까 내용을 이해하는 데 많은 도움이 될 거야.

핵심 내용을 다시 짚어 줘

이 책은 실제 일어난 사건을 들려 주고 해설을 덧붙여 설명한 후 '생각이 깊어지는 자리'를 통해 핵심 내용을 한 번 더 짚어 준단다. 또 노란색 밑줄이 그어진 글을 보면 더 많은 정보를 알 수 있지.

각 단원 끝에 질문 사항과 함께 기사글을 통해 생각해 볼 문제들을 제공해 주니까 차근차근 생각할 시간을 가져 보렴.

신문과 방송에 대해 생각해 보렴

민주적인 사회인지 아닌지를 판단하는 기준으로 '언론의 자유'를 꼽기도 한단다. 잘못한 건 잘못했다, 잘한 건 잘했다고 얘기할 수 있어야 사람들이 제대로 된 정보를 접할 수 있을 거야. 한 사건을 두고 다른 시각으로 보도하는 신문도 있고, 어떤 사건은 크게 보도하고 또 어떤 것은 아예 보도하지 않는 경우도 있지. 방송, 신문, 인터넷 등 수많은 언론매체를 접해 본 후, 우리나라는 민주적인 사회인지 생각해 보렴.

세계 시민으로 살아가기

나라와 나라가 협력해 평화로운 세계를 만들려고 노력하듯이 세계 각국의 시민들이 모여서 굶주리는아이들을 돕기 위해 만든 국제기구도 있단다.
이 책에는 이런 국제기구들에 대한 설명도 실려 있어. 세계 시민으로서 다양한 활동을 펼치고 있는 이들에 대해서 좀더 알아 보렴.

더 많은 자료를 읽어 보렴

정치, 선거, 민주주의 등을 다룬 책들은 찾아 보면 많단다. 어렵게만 생각하지 말고 자신에게 맞는 더 많은 읽을거리를 찾아 읽어 보렴.
<반장 선거> <팡팡 기자단 국회로 출동!> <열두 살에 처음 만난 정치> <우리 민주주의가 신났어!> 등을 찾을 수 있단다.

마주보는 세계사 교실 01 (고대 문명이 꽃피다)

선사시대를 거쳐 최초 문명을 탄생시킨 이야기를 시작으로 로마 제국이 어떻게 등장하고 발전했는지를 쉽고 재미있는 자료들로 설명해 주는 역사책이다.

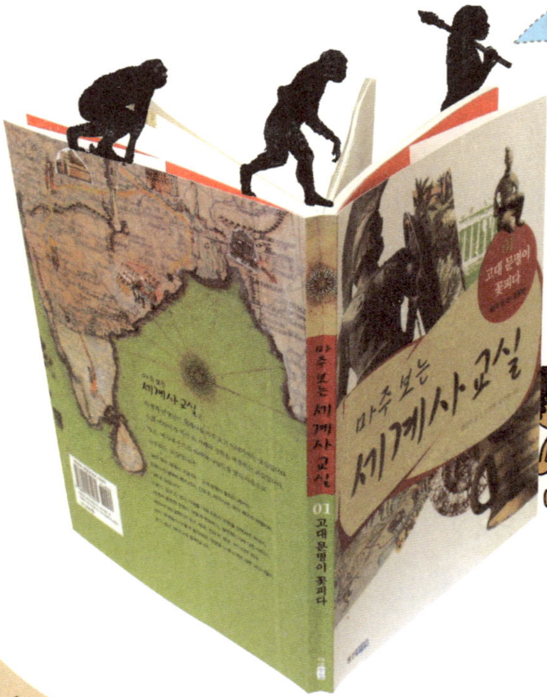

출판사 웅진주니어
지은이 강선주 / 그린이 강전희, 김수현

시간의 흐름에 따라 천천히 읽어가렴

세계사를 공부할 때는 시간과 환경의 변화가 가져온 흐름을 짚어 가며 천천히 읽는 것이 좋단다.

자, 그럼 잘 들어 봐. 인류가 다른 동물들과 구별되는 대표적인 특징이 도구를 사용한다는 점인데, 이 특징으로 인해 인류는 환경에 적응하며 살 수 있었어.

추울 때는 불을 지펴 따뜻하게 했고, 돌로 만든 도구를 이용해 사냥을 하기도 했지. 농사를 짓게 되면서 떠돌아다니며 사냥을 하던 사람들은 정착할 수 있는 집이 필요했지. 가족 단위로 모인 작은 부락이 생겨났고, 서로를 통제할 수 있는 규칙도 슬슬 생겨나게 됐을 거야. 물품을 교환할 수 있는 시장이 형성되고 이런 시장을 중심으로 사람들이 모이니 도시가 발달했지.

어때? 이야기 보따리가 줄줄이 이어지고 있지? 〈마주보는 세계사 교실 01〉에서는 인류 탄생의 과정부터 고대 문명의 탄생과 발전 그리고 제국으로의 발전에 이르는 과정을 이해하기 쉽게 설명해 주고 있단다.

시간의 흐름에 따라 무엇이 필요했을지 천천히 생각하고, 그 필요한 것을 충족시키려면 어떻게 해야 하는지 생각하면서 읽으렴.

보충 설명을 빠뜨리지 말고 보렴

각 단원 중간에 삽입된 '클릭! 역사 속으로' '아, 그렇구나'의 보충 설명을 자세히 보렴. 아프리카에서 발견된 인류 최초의 조상에 대한 보충 설명 등 흥미진진한 이야기들이 가득하단다.

그리고 책 뒷부분에는 '인류 진화의 역사'와 '찾아보기'가 있으니 효과적으로 활용하렴.

책 속에 박물관이 있어

이 책에는 고대 유물 사진들이 풍부하게 실려 있어서 마치 박물관에 있는 자료들을 보는 것 같은 착각에 빠진단다. 인류의 대이동 지도, 구석기 시대의 조각상, 이집트 피라미드 벽화, 그리스 청동조각상, 중국 시황제의 무덤까지 풍부한 사진 자료와 도표들이 넘쳐나지.

이런 자료들을 통해 좀더 확실하게 그 시대의 특징을 파악할 수 있단다.

독도는 우리 땅!

일본은 잊을만하면 독도의 영유권을 주장하고 있어. 독도를 자기네 땅이라고 기술한 역사교과서를 만들기도 했지.
국가간에 이런 분쟁이 있을 때는 역사적 자료가 근거 자료로 활용되기도 하니까, 역사를 왜곡해 세계인들에게 잘못된 역사를 퍼뜨리려는 일본의 행동에 적극적으로 대응할 필요가 있지 않겠니?

문자 이야기를 읽어 보렴

아직 문자가 만들어지지 않은 구석기 시대에는 그림으로 생각을 표현하고 전달했단다. 지금은 '기록'이라고 하면 당연히 문자로 쓰인 것을 생각하잖아. 문자와 함께 발전한 기록의 역사를 찾아 보렴. <꼬불꼬불 문자 이야기> <세계 여러 나라의 문자>를 참고하렴.

인류의 역사를 추적해 보렴

이 책은 고대문명을 중심으로 서술되어 있어. 다른 시기의 세계는 어떤 모습이었고, 또 어떤 모습으로 변해 갔는지 보렴.
<살아 있는 세계사 교과서> <국사 시간에 세계사 공부하기>를 참고하렴.

10대를 위한

재미있는 경제동화

친숙한 동화를 경제적 관점으로 다시 썼다.
주인공들을 통해 경제 활동이란 무엇인지,
어떤 경제 개념을 알 수 있는지 풀어서 설명해 주는 책이다.

출판사 명진출판
지은이 톰 브라운 / 옮긴이 조영희

연상해서 암기하려고 노력해 보렴

사회 과목을 어렵게 생각하는 친구들이 많을 거야. 범위가 너무 방대해서 무턱대고 외우면 곧 한계에 부딪치게 될 거야. 사회 공부를 잘하기 위해서는 이해와 암기가 동시에 이루어져야 해.

〈10대를 위한 재미있는 경제동화〉는 친숙한 동화를 경제적 관점에서 다시 써서 그 속에 담겨 있는 경제 개념과 경제 활동에 대해 쉽게 설명해 준단다. 동화 속 주인공들의 경제 활동을 읽으며 그 활동을 하게 된 배경을 살펴 보렴. 그리고 그 활동의 결과 무엇을 가져왔는지 천천히 파악하렴.

이 책을 읽다 보면 각 동화에 나오는 경제 개념과 관련한 궁금증을 동화 속 주인공과의 인터뷰 형식으로 자세하게 설명해 준단다. 동화 속에 담긴 핵심적인 경제 개념이 무엇인지 설명해 주고, 경제 용어도 설명해 준단다. 동화 속 상황을 떠올리며 경제 개념과 용어를정리하면서 암기해 보렴. 그리고 다시 동화를 읽으면 한결 더 재미있게 읽을 수 있을 거야.

'차례'에서 핵심 개념을 확인하렴

이 책은 '차례'에서 동화에 대한 요약뿐만 아니라 각 동화에서 설명할 경제 개념과 용어를 정리해 준단다.

기회비용, 수요와 공급, 희소성 등 이번 동화로 알 수 있는 경제 개념은 무엇인지 한눈에 파악할 수 있게 정리되어 있단다.

동화를 읽기 전에 핵심 개념을 미리 익히고 읽을 수 있어 좋고, 읽고 난 후엔 다시 한 번 개념 정리를 할 수 있어 유익하단다.

낱말 뜻을 찾아 보렴

경제 용어는 우리 일상생활에 쓰임이 많은 지식이야. 하지만 경제 용어가 쉬운 것만은 아니야. 그리고 책을 읽다 보면 '자유주의' 같은, 막연하게는 알겠지만 정확히 설명하기는 곤란한 낱말들도 나올 거야.

책에는 여러분이 알아야 할 것들에 대해 설명을 해두었지만, 그래도 충분히 이해가 되지 않는다면 낱말 뜻을 찾아 제대로 이해하며 읽으려고 노력하렴.

내 시간의 가치는 얼마일까?

이 책의 신데렐라는 서서히 망해가지만 당장 생활비를 벌 수 있는 굴뚝 청소 사업을 이어갈 것인지, 당장은 힘들겠지만 미래가 밝은 프로그래머가 되기 위해 공부를 할 것인지 고민한단다.

이처럼 자신의 일상을 경제적 관점으로 바라보는 습관을 기르고 시간의 가치를 중요하게 생각해 경제적인 선택을 하도록 노력하렴.

또다른 경제동화 찾아 읽기

경제동화는 딱딱한 경제를 재미있는 이야기로 풀어 썼기 때문에 읽는 데 큰 문제는 없겠지? 그렇다면 다른 경제동화도 찾아 읽어 경제가 어렵다는 생각을 확~ 바꿔 보렴. <전래동화에 숨겨진 재미있는 경제이야기> <열두 살에 부자가 된 키라> 같은 책도 도움이 될 거야.

세계적인 경제학자들을 만나 보렴

책에도 언급되었지만, 오늘날의 자유주의 시장경제 이론을 처음 확립한 건 '애덤 스미스'라는 경제학자란다. 그의 뒤를 이은 대표적인 경제학자로 '데이비드 리카도'를 꼽지. 이들의 주요 이론들을 살펴보고 이와는 다른 이론들로는 어떤 것이 있는지 알아 보렴.

선덕여왕

우리나라 최초의 여왕이자 삼국통일의 기틀을 마련한 신라의 '선덕여왕'에 대한 이야기를 동화로 꾸민 책이다.

출판사 대교출판
지은이 김종렬 / 그린이 해파리

과거와 현재, 미래를 이어 주는 역사책 읽기

'과거인 역사' 가 '현재의 우리' 에게 어떤 의미가 있는 걸까?

이 질문에 대한 답은 '왜 역사를 공부해야 하는가?' 에 대한 답도 될 수 있을 거야.

흔히들 현재의 문제를 풀기 위한 해답은 과거 속에서 찾을 수 있다고 해. 여러분이 일기를 쓰고 자신의 기록을 남기듯이 역사가들은 역사를 기록으로 남기지. 일기를 쓰는 가장 중요한 이유는 자기를 돌아보고 '더 나은 나' 를 만들기 위해서일 거야.

역사도 다르지 않단다. 현재와 비슷한 문제에 부닥쳤을 때 과거 사람들은 어떻게 대처하고 해결했는지 지난 역사 속에서 모범답안을 찾을 수 있어. 또 불행했던 과거를 교훈삼아 같은 일이 되풀이되지 않도록 노력하기도 하지. 결국 이런 역사를 아는 작업은 '더 나은 미래' 를 준비하는 데 큰 도움이 되겠지.

역사 관련 책을 읽을 때는 '원인과 결과' 를 찾으려는 목적을 갖고 읽으렴. 비판적 사고력과 분석력을 향상시키는 데 역사책만큼 좋은 책은 없을 거야.

〈선덕여왕〉은 삼국통일의 기틀을 마련한 신라 선덕여왕의 이야기를 동화로 꾸며 쉽게 읽을 수 있도록 했단다. 선덕여왕이 우리나라 최초의 여왕이 될 수 있었던 사회적 배경은 무엇일까?

신라시대에는 엄격한 신분제도인 '골품제'가 있었어. 왕은 성골 계급만이 될 수 있었지. 수많은 전쟁의 혼란 속에서 유일하게 살아남은 성골인 덕만, 즉 선덕여왕이 왕권을 이어받게 됐단다. 그 시대에 골품제도가 없었다면 여자가 왕이 될 수는 없었을 거야.

이 책을 통해 수많은 원인과 결과를 찾아내는 읽기를 하다 보면 자신도 모르게 역사에 대해 큰 매력을 느끼게 될 거야.

신라의 정치·사회적 상황을 알 수 있어

이 책에는 당시 신라의 국내외 정치 상황을 알 수 있는 정보들이 가득해.

대외적으로는 고구려, 백제와 한반도를 두고 끊임없이 전쟁을 치르는 가운데 당나라의 힘을 빌려 힘의 균형을 이루려는 신라를 엿볼 수 있고, 대내적으로는 왕권 확립을 위해 귀족들의 반발을 잠재우며 인재를 등용하고 불교를 적극적으로 진흥시켜 국민 통합에 애쓰는 모습을 발견할 수 있단다. 이렇게 신라의 정치적 상황을 파악하고 이해하도록 하렴.

역사적 인물과 문화유산에 대한 지식이 쌓여

이 책은 선덕여왕을 이야기의 중심으로 다루면서, 그 속에 나오는 인물들과 선덕여왕의 업적을 쉽게 파악할 수 있도록 '이야기 밖 선덕여왕' 코너를 따로 마련했단다.

김유신, 김춘추 등 인물 설명뿐만 아니라, 분황사 9층탑이나 첨성대 등 문화유산에 얽힌 이야기도 다루어 폭넓은 배경 지식을 쌓을 수 있도록 했지.

또 그림을 통해 당시 입었던 의복과 생활상도 엿볼 수 있으니 신라에 대한 배경 지식을 폭넓게 익힐 수 있을 거야.

배경 지식 활용하여 TV 사극 보기

TV 사극을 보면 극의 재미를 위해 없었던 일을 꾸며내는 경우도 많아. 그러니 앞으로는 사극에서 보여 주는 인물이나 상황을 그대로 받아들이지 말고 비판적으로 받아들이도록 노력하렴. 그러기 위해서는 역사에 대한 배경 지식이 뒷받침되어야 해.

역사적 인물 찾아 보기

선덕여왕은 불안한 왕권을 확립하기 위해 여러 가지 일을 했단다. 그 중 하나가 멸망한 가야국 출신의 김유신을 등용한 거야. 능력이 출중한 장수를 곁에 둠과 동시에 기존의 귀족들을 견제해 왕권을 굳건히 했지.

이 책을 보면 김유신, 김춘추, 연개소문 등 동시대를 살았던 역사적 인물들이 많이 나오니까 그들에 관한 책도 찾아 읽어 보렴.

〈삼국사기〉 〈삼국유사〉를 읽어 보렴

선덕여왕이 왕위에 오른 배경이 쓰여 있다고 소개된 <삼국유사>와 <삼국사기>를 찾아 읽어 보렴. <삼국유사>에는 고조선에서 고려까지 우리 민족의 흥망성쇠에 관한 기록이 담겨 있고 <삼국사기>에는 신라, 고구려, 백제 3국의 흥망과 변천을 중심으로 한 역사가 담겨 있단다.

25일 완성! 창의독서법

제4장

과학은 정말 신기해

과학

괴짜라 불린 천재 과학자

아인슈타인

'생각하는 힘' 을 강조했던 아인슈타인의 생애가
시간의 흐름에 따라 서술되어 있는 책이다.
아인슈타인의 이야기를 통해 자신의 꿈을 이루려면
어떤 노력과 과정이 필요한지 알 수 있게 된다.

출판사 을파소 / 옮긴이 지소철
지은이 제스 브랠리어 / 그린이 로버트 앤드류 파커

과학적 사고력은 상상력에서 비롯돼

위인전을 읽을 때 그 인물의 업적을 알고 이해하는 것보다 더 중요한 것이 있단다. 그건 그러한 업적을 남기기까지 그 사람이 어떤 노력을 했고 또 어떠한 과정을 통해서 이루었지를 아는 것이야.

〈아인슈타인〉에서는 생애 전반에 걸쳐 생각하는 힘을 발휘한 아인슈타인을 만날 수 있어.

이 책에는 아인슈타인이 한 명언과 일화들이 소개되어 있어서 그가 어떻게 살았는지 좀더 생생하게 살펴볼 수 있지.

어려서부터 혼자 사색하고 책 읽기를 좋아했던 아인슈타인은 홀로 있을 때면 "우주보다 더 멀리 떨어진 곳이 있을까?" "빛줄기에 올라탈 수 있을까?" 등 이런 저런 상상을 하며 시간을 보냈다고 해.

그런 생각을 하며 과학에 관심을 갖게 되었고, 스스로 책을 찾아 읽으면서 과학자의 꿈을 키워 갔지. 아인슈타인은 상상에만 그치지 않고 스스로 구체적인 연구 방향을 잡고 파고들어 위대한 과학자가 될 수 있었어.

과학적 배경 지식을 쌓으렴

나침반은 어떤 원리로 항상 북쪽을 가리키는 걸까?

이 문제를 풀기 위해서는 자석의 성질을 가진 지구에 대한 배경 지식이 있어야 한단다.

아인슈타인은 어린 시절 나침반을 선물받고 그 과학적 원리가 너무 신기했지. 이 책에는 이런 과학적 원리들을 따로 설명해 주어 독자의 이해를 돕고 있어. 또 상대성 이론과 원자폭탄 등 아인슈타인의 연구와 관련된 과학적 원리와 지식들도 알 수 있단다.

연대표를 확인해 보렴

아인슈타인은 제1차, 제2차 세계대전을 모두 겪었어. 전쟁의 참혹함을 체험한 그가 평화주의자가 된 건 당연한 일이겠지? 그리고 유태인이었던 그는 유태인들의 나라를 세우는 데도 공헌했어. 1948년 유태인들은 이스라엘을 세우게 되지.

이 책에는 아인슈타인을 둘러싼 시대적 상황들이 잘 정리되어 있단다. 원자폭탄에 얽힌 이야기 등 그 당시 그를 둘러싼 시대적 상황을 짚어가며 읽으렴.

생각의 힘을 키우는 '상상노트'

아인슈타인은 자유롭게 생각하고 지식의 한계를 넘어서는 상상의 힘을 믿었어. 사소한 궁금증이 위대한 업적으로 이어질 수 있는 '힘'이 되기도 한단다. 여러분도 상상의 힘을 키우는 상상노트를 만들어 보렴. 생각의 크기를 키우는 좋은 습관이 될 거야.

'갈릴레오 갈릴레이' 관련 위인전을 읽어 보렴

아인슈타인은 다른 과학자를 연구하면서 좀더 깊이있게 자신의 생각을 발전시켰어. 그 과학자 중 한 명이 '갈릴레오 갈릴레이'야.
그는 '그래도 지구는 돈다'라는 유명한 말을 남기기도 했단다. 근대 과학의 발전을 이끈 그에 관한 위인전을 찾아 읽어 보렴.

아인슈타인의 생각을 내 것으로 만들어 보자

아인슈타인이 일생을 두고 연구한 업적을 찾아 읽어 보렴. 다소 어려운 내용이 될지도 모르지만 가끔은 어려운 책을 통해 독서력을 높이는 것도 읽기 능력을 향상시키는 한 방법이 될 수 있단다.
<아인슈타인이 들려 주는 상대성원리 이야기> <상대성 이론/나의 인생관> 등을 참고하렴.

지구로 귀환하라!

아폴로 13호

'아폴로 13호' 에 탑승한 우주비행사들의 실제 이야기를 통해 도전과 모험을 체험할 수 있고, 재미있는 만화와 사진으로 우주에 대한 상식과 궁금증을 해결해 주는 책이다.

출판사 뜨인돌어린이
지은이 박현수 / 그린이 남정훈

우주 비행에 필요한 것을 알려 줘

누구나 한 번쯤 달을 보며 소원을 빌어 본 적이 있을 거야. 특히 정월대보름에는 둥근 달을 보며 소원을 비는 경우가 많잖아. 오래 전부터 달을 성스러운 존재로 생각해 왔기 때문이란다.

계수나무 아래에서 방아를 찧는 토끼가 산다고 상상했던 곳, 그런 달에 가는 것이 이제는 더 이상 상상 속만의 일이 아닌 현실이 되었어.

〈지구로 귀환하라! 아폴로 13호〉에는 우리가 막연하게만 상상해 오던 우주 비행에 대한 자세한 정보들이 담겨 있단다.

이 책에는 우주 비행을 준비하는 대원들이 어떤 훈련을 받는지, 또 실제 비행시 지구에 있는 본부와의 교신은 어떻게 이루어지는지 등의 이야기가 박진감 넘치게 묘사되어 있단다.

우주 비행은 어떻게 이루어지는지, 비행사들의 훈련 과정은 어떻게 되는지, 어떠한 마음가짐이 필요한지를 알 수 있을 거야.

우주로의 도전, 다른 사람의 꿈이 아닌 여러분의 꿈으로 도전해 보는 건 어떨까?

만화도 놓쳐서는 안 돼

이 책은 아폴로 13호 대원들이 지구로 귀환하는 이야기를 통해 희망과 감동을 주고 있단다.

내용은 총 9장에 걸쳐 실려 있으며, 중간 중간에 이야기의 일부분을 재미있는 만화로 보여 주고 있어. 본문을 읽다가 지루한 부분이나 이해하기 어려운 부분은 만화를 보면 쉽게 이해할 수 있을 거야.

흥미로운 우주 상식이 가득해

단원이 끝날 때마다 '재미있는 우주 상식' 코너를 만들어 두었단다. '우주비행사가 되기 위한 신체적 조건, 우주선에서는 대소변을 어떻게 해결하는지, 우주복은 어떤 것을 입는지' 등 흥미로운 우주 상식들이 실려 있지.

또 달의 온도 변화와 특징에 대해 자세하게 설명하고 있어. 이 코너를 통해 평소 궁금했던 우주 상식에 대해 많이 알 수 있을 거야.

달 탐사 관련 책을 읽어 보렴

달에 착륙한 아폴로 11호의 선장 닐 암스트롱은 "지금 이 순간은 저에겐 작은 한 걸음에 불과하지만 인류에게는 위대한 발걸음이 될 것입니다"라는 유명한 말을 남겼단다.

인류의 달 탐사 기록을 찾아 읽으면 우주에 한 발 더 가깝게 다가갈 수 있을 거야. <달의 뒤편으로 간 사람> <깍까의 우주탐험 주니어> 등을 참고해 봐.

지구와 많이 닮은 화성엔 무슨 일이?

우주 어딘가에 생명체가 있을 거라는 상상과 함께 지구와 비슷한 조건을 갖춘 화성이 많은 관심을 받고 있단다.

<화성에서 온 편지> <어떻게 화성을 개척할까?> <노빈손 미스터리 별 화성 구출 대작전> 등 추리소설보다 더 재미있는 화성 이야기를 읽어 보렴.

지구 밖에서 본 지구는 어떤 모습일까?

우주인이란 지구 대기권 밖을 나갔다 온 사람을 뜻한단다.

2008년에는 대한민국 최초의 우주인이 탄생하기도 했지.

우주인에 대해 알아 보고 우주인이 되기 위해서는 어떤 준비를 해야 하는지 알아 보렴. 대한민국 제2, 제3의 우주인은 여러분의 몫이야.

우리와 함께 살아가는 곤충 이야기

학교, 뒷산, 냇가 등 우리 주변에서 흔히 볼 수 있는 곤충에 대한 이야기를 담은 책이다. 다양한 사진과 그림을 함께 수록해 볼거리와 읽을거리가 풍부하다.

곤충을 관찰할 때 유용한 정보를 많이 얻을 수 있어.

출판사 아이세움
지은이 한영식 / 그린이 송병석

곤충에 대한 유용한 정보를 알려 줘

여러분 중에 다른 사람들보다 유난히 모기에 잘 물리는 친구가 있을 거야. 모기에 물리면 "아휴, 나는 다른 사람들보다 이산화탄소를 많이 배출하다 보니 모기들이 좋아한다니까"라고 말해 보렴. 친구들은 이산화탄소와 모기가 무슨 관계가 있는지 궁금해할 거야.

〈우리와 함께 살아가는 곤충 이야기〉를 읽은 친구라면 사람이 숨쉴 때 내뱉는 이산화탄소 냄새를 맡고 모기가 찾아온다는 사실을 잘 알고 있을 거야.

혹시 오각형의 방귀쟁이를 본 적 있니? 바로 '노린재'라는 곤충인데, 위급한 상황이면 지독한 냄새를 풍기니까 피하는 게 상책이야.

이 책은 우리 주변에서 흔히 볼 수 있는 곤충에 대한 재미있는 상식과 관찰 방법 등에 대해 자세하게 알려 준단다.

여름이면 '맴맴~ 밈밈밈밈~~미' 하고 우는 매미는 수컷이야. 하루만 사는 것으로 알고 있는 하루살이는 애벌레로 1~2년간이나 물 속에서 산다고 해. 이렇게 재미있는 곤충 이야기를 읽고 사진을 통해 생김새도 확인하렴.

‘벌레’가 아니라 이름을 불러 줘

하늘을 날아다니며 소처럼 우는 곤충은? 정답은 하늘소.

곤충의 이름은 생김새를 보고 지어진 것이 많아. 거위벌레, 메추리노린재 등은 생김새를 본따 지은 이름이야. 그리고 생김새가 닮아서 붙여진 이름으로는 개미붙이, 하늘소붙이 등이 있단다.

곤충의 이름이 붙여진 배경도 재미있지만 이름 자체가 특이하고 재미있는 경우도 많아. 이 책에서는 곤충들의 이름이 지어진 배경도 알 수 있단다.

활용할 수 있는 정보들이 가득해

이 책은 곤충 표본 만들기, 곤충 분류에 대한 설명, 곤충 채집법 등을 자세히 가르쳐 준단다. 그래서 실제로 곤충을 관찰할 때 유용한 정보를 많이 얻을 수 있어. 또 부록으로 수록된 ‘곤충 친구들’은 교과 준비물로 활용할 수도 있고. 생생한 사진과 그림을 통해 곤충은 물론 그 곤충이 좋아하는 식물도 알 수 있으니 유익한 정보를 잘 활용하렴.

관찰일지를 써 보렴

방학이나 주말에 산으로, 바다로 놀러 갈 계획을 세웠니? 그 계획에 곤충 관찰 시간을 잠깐씩 넣어 보렴. 관찰일지를 쓴 건우처럼 나만의 관찰일지를 써 보는 거야. 좋은 추억을 쌓음과 동시에 체험학습으로는 그만일 거야.

생태계 수호자, 곤충을 지켜 줘!

물방개와 소금쟁이는 3급수에 사는 곤충이란다. 하루살이는 1급수에 사는 곤충이란 걸 책을 읽으면 알 수 있지.

장수하늘소, 두점박이사슴벌레는 멸종 위기에 처해 있다는데, 환경과 곤충은 어떤 관계일까? 이 책의 지은이가 쓴 <곤충 없이는 못 살아>를 읽어도 좋을 거야. 이 밖에 <어린이가 지구를 살리는 50가지 방법>은 환경에 관심 있는 친구들에게 좋은 책이 될 거야.

〈파브르 곤충기〉를 읽어 보렴

프랑스의 곤충학자 '파브르'는 일생 동안 곤충 연구에 매진한 사람이란다. 그가 쓴, 세계적으로 사랑받고 있는 책이 바로 <파브르 곤충기>야. 파브르의 열정적인 연구에 푸욱~ 빠져 보렴.

뇌과학이 알려 주는 잠의 비밀

'사람은 왜 잠을 잘까?' 라는 흥미로운 질문을 시작으로 '잠' 에 얽힌 사례들을 통해 뇌과학을 쉽게 설명해 주는 책이다.

출판사 내인생의책 / 옮긴이 이충호
지은이 일레인 스콧 / 그린이 존 오브라이언

일상의 호기심이 과학을 쉽게 만들어 줘

인간의 뇌는 우주만큼 복잡하고 아직도 풀리지 않은 비밀이 많이 남아 있어서 '작은 우주' 라고 불린단다. 그리고 이런 뇌의 구조와 기능을 연구하는 학문을 '뇌과학' 이라고 해.

〈뇌과학이 알려 주는 잠의 비밀〉은 우리가 매일 경험하는 '잠' 에 얽힌 흥미로운 사례들을 들어 뇌과학을 쉽게 설명해 주고 있어. '잠' 에 얽힌 이야기로 호기심을 자극하고 과학에 대한 흥미를 되찾을 수 있게 도와 준단다.

과학에 친밀감을 쌓기 위해 쉽고 호기심을 채워 주는 책부터 읽어 보렴. 처음부터 한꺼번에 다 이해하려고 하지 말고, 또 딱딱한 이론과 공식만 가득한 책은 피하도록 해.

생활에 도움이 되는 과학, 내가 경험할 수 있는 과학, 호기심을 불러일으키는 쉬운 책을 선택하고 반복해서 읽어 보렴.

'사람은 왜 잠을 잘까?' 에서 시작된 호기심을 채우고 과학 지식을 쌓을 수 있는 좋은 기회로 삼아 보렴.

목적을 갖고 읽으렴

'사람은 왜 잠을 잘까?' '잠을 자는 동안 뇌는 어떤 활동을 할까?'

이런 질문들에 대한 해답을 찾기 위한 읽기를 하렴.

책을 읽기 전에 평소 궁금했던 것들을 떠올리고 그 문제를 풀 수 있는 단원이 있는지 목차를 통해 확인하렴.

이렇게 책을 읽으면 두 가지 효과가 있단다. 첫째는 '무엇에 관한 글' 인지 주제를 파악할 수 있고, 둘째는 스스로 생각하고 목적을 갖고 읽으면 핵심 내용을 파악해 가는 과정이 지루하지 않고 이해도 빠르단다. 핵심 내용에 밑줄을 긋거나 따로 표시를 해 두렴. 책을 다 읽은 후, 핵심 내용으로 돌아가 다시 읽으면 논리적으로 정리하는 데 큰 도움이 될 거야.

자료의 활용도를 높여 보렴

이 책에는 재치있는 그림이 많지만 내용 이해를 도와 주는 자료들도 많단다. 뇌의 구조, 신경세포 뉴런, 뇌파의 모양 등을 그림으로 보여 주고 그 특징을 설명해놓았어. 책 끝부분의 '끝맺는 말' 에서는 좋은 수면 습관에 대해 1~7항으로 정리해서 보여 주니 수록된 자료를 최대한 이용하면서 읽어 보렴.

더 많이 생각하렴

아인슈타인은 "우리는 우리 뇌가 가진 능력의 10%밖에 사용하지 않는다"라고 말했단다. 이 말은, 뇌는 우리가 상상도 못할 만큼 큰 능력을 발휘할 '가능성'을 가지고 있다는 뜻도 되겠지. 그 가능성이 실현될 수 있도록 더 많이 생각하고 또 생각하렴.

뇌에 관한 더 많은 비밀을 알아 보렴

뇌는 '잠'뿐만 아니라 사랑, 스트레스 등 인간의 감정과 생활에 영향을 주는 특별한 인체기관이란다.

이런 뇌의 활동을 과학적으로 분석하고 설명해 주는 뇌과학책을 찾아 읽어 보렴. <뇌과학> <머리가 좋아지는 뇌과학 세상> 등이 도움이 될거야.

우리 몸에 대한 궁금증을 풀어 보렴

우리 몸에 대한 상식을 쌓을 수 있는 책을 찾아 읽어 보렴.

인체의 구조 및 각 기관별 기능을 재미있게 설명해 주는 과학서적을 참고해 궁금증을 풀어 보렴. <교과서 속 인체 101가지> <인체와 질병> 등이 좋은 참고서적이 될 거야.

3일만에 읽는
생활 속 과학

우리가 흔히 쓰는 제품들 속에 숨어 있는 과학적 원리를 찾아내고, 그림을 덧붙여 알기 쉽게 설명해 주는 책이다.

출판사 서울문화사 / 옮긴이 정난진
지은이 하나가타 야스마사

일상 속에서 과학적 관점을 키울 수 있어

한겨울에 야외 활동을 하면서 손발이 꽁꽁 얼었을 때 따뜻한 손난로로 손을 녹여 본 적이 있니? 그 조그만 손난로가 어떻게 열을 내는지 궁금했을 거야. 우리의 생활을 편리하게 해 주는 제품들은 이외에도 셀 수 없이 많아.

〈3일만에 읽는 생활 속 과학〉에서는 우리가 무심코 쓰는 제품들에 숨어 있는 과학적 원리를 찾아내 설명해 준단다. 생활의 편리함을 더해 주는 제품들은 과학적 원리를 응용해 개발된 제품들이야. 그렇기 때문에 그 작동 원리를 알면 과학적 원리도 알 수 있지.

이 책에서는 과학적인 구조를 통해 움직이는 영상을 내보내는 것이 가능하게 된 텔레비전 등 제품 속에 숨겨진 구조의 과학도 다룬단다.

늘 우리 주변에 있는 것에 대해 관심을 갖고 살피다 보면 과학적으로 생각하는 힘이 커질 거야. 그리고 세상을 과학적으로 바라보는 눈도 커지게 된단다.

자, 오늘부터 주변에 관심을 갖고 과학적으로 바라보려는 노력을 기울여 보렴.

그림을 보면 원리가 보여

이 책은 절반이 그림이라고 할 수 있을 정도로 그림 비중이 크단다. 그래서 복잡한 과학의 원리나 제품의 구조, 작동 방식을 이해하는 데 큰 도움이 되지.

예를 들어 '치아 건강에 좋은 자일리톨껌'이라는 내용을 보면, 자일리톨 그림과 함께 '자일리톨은 식물에서 채취하는 천연 감미료나 야채나 과일에 들어 있다' '자일리톨은 설탕 같은 단맛이 나면서도 칼로리는 설탕의 75%밖에 안 되는 감미료이다' 등 자세한 설명이 나와 있으니 놓치지 말고 읽으렴.

'주요 용어 설명'과 '찾아보기'

제품의 구조와 작동 원리를 과학적으로 설명하는 책이기 때문에 어렵고 생소한 용어가 등장할 수밖에 없단다. 이 책 뒷부분에 '주요 용어 설명'과 '찾아보기'가 수록되어 있어서 궁금한 내용을 빨리 찾아볼 수 있으니 참고하렴. 또 앞의 내용을 다시 확인하고 싶을 때도 신속하게 찾을 수 있으니 읽기의 효율성이 향상된단다.

편리함이 지구를 병들게 할 수 있어

냉장고나 에어컨의 냉매 소재로 프레온이 주로 사용되었단다. 하지만 지구 오존층 파괴의 주범으로 지목되면서 지금은 다른 물질로 대체되고 있지. 그런데 그 대체물질도 이산화탄소보다 1,000배 이상 지구온난화를 촉진한다고 하니, 지구를 살리기 위해서라도 에너지를 절약해야 되겠지?

주요 과학자들을 만나 보렴

책 뒷부분에 있는 '주요 과학자 설명'에서 과학자들을 정리한 명단을 볼 수 있단다. 텔레비전 개발의 선구자 '니프코', 집적회로를 발명한 '킬비', 전자레인지를 개발한 '스펜서' 등 책에 등장하는 주요 과학자들을 찾아 그들의 얘기를 들어 보렴.

또다른 생활 속 과학을 읽어 보렴

우리 일상생활 속에 숨어 있는 과학의 세계는 무궁무진하단다. 평소 궁금했던 것을 찾아 과학의 원리를 발견해 보렴. 친근한 생활 속 과학에 대해 설명한 책들이 많으니 어렵지 않게 과학적 원리를 발견할 수 있을 거야.
<노빈손 과학퀴즈 특공대> <꼭꼭 숨어 있는 생활 속 과학 찾기> 등이 참고가 될 거야.

갯벌, 무슨 일이 일어나고 있을까?

갯벌의 구조와 역할, 갯벌에 사는 생물과 갯벌의 파괴 현황 그리고 보호 노력 등을 다루고 있다.

책을 다 읽고 나면 갯벌이 아프다고 말하는 이유를 알게 될 거야.

출판사 사계절
지은이 이혜영 / 그린이 조광현

낱말 뜻을 먼저 찾으렴

'지구가 뜨거워지고 있다' '환경 문제가 심각하다' 요즘 이런 말 한 번쯤은 들어 봤을 거야.

아침에 해가 뜨고, 봄이 가고 여름이 오는 것은 늘 같은데 왜 이렇게 지구와 환경을 걱정하는 건지 생각해 본 적 있니?

그건 이렇단다. 비가 오고 밤이 되는 것을 당연하게 생각하겠지만, 이것은 모든 자연이 그들의 질서대로 움직이고 있음을 의미해.

그런데 지구의 질서를 조금만 흐트려놓아도 자연은 커다란 충격을 받아서 아프게 돼. 이러한 자연의 피해는 곧 우리 인간들에게도 악영향을 끼친단다.

〈갯벌, 무슨 일이 일어나고 있을까?〉 이 책은 자연의 질서대로 잘 살고 있던 갯벌을 사람들 마음대로 질서를 바꿔서 생긴 일들을 다루고 있단다.

책을 다 읽고 나면 갯벌이 아프다고 말하는 이유를 알게 될 거야. 머리가 복잡해지는 어려운 과학책이라고 생각하지 않아도 돼. 하지만 갯벌, 대륙붕, 정화, 간척, 방조제, 화석 등 낯선 낱말들을 국어사전이

나 인터넷에서 먼저 찾아야 내용을 이해하기 쉽단다. 낱말의 뜻만 정확히 알아도 내용이 쉽게 이해되거든.

그림도 놓쳐선 안 돼

이 책은 동화와는 달라. 몇 장만 읽어도 찾아야 할 낱말이 많아서 이해하는 데 시간이 걸릴지도 몰라.

그래도 괜찮아. 천천히 읽더라도 그림 설명과 지도, 사진을 하나하나 보면서 내용을 읽다 보면 점점 흥미가 생겨서 뒷장으로 갈수록 책 읽는 속도가 빨라지고 내용도 좀더 이해하기 쉬워질 거야.

그림도 글과 마찬가지로 많은 정보를 담고 있단다. 오히려 글보다 그림이 좀더 내용을 이해하는 데 도움이 될 거야.

과학 지식을 확장하자

갯벌이 아픈 이유를 설명하는 책이지만 갯벌에 사는 동물, 식물만으로 왜 갯벌이 아픈지를 모두 설명하기란 어려워.

왜냐하면 갯벌에서 동물, 식물들이 살아가는 방법은 지구의 질서와 연결되어 있기 때문이지.

예를 들면 갯벌이 나타나는 곳을 설명하려면 바닷물이 육지에서 멀어지는 밀물을 설명해야 하고 밀물을 만드는, 지구와 달과 태양이 서로 끌어당기는 힘에 대해서도 설명해야 하거든.

알아야 할 것이 너무 많다고? 맞아. 이런 설명을 단번에 이해하며 이 책을 읽기란 정말 힘든 일일 거야. 그렇다고 포기하면 안 돼. 좋은 생각을 알려 줄게.

이 책 뒷부분을 보면 '인터넷 사이트'가 적혀 있어. 이 사이트에는 바다, 환경, 풀꽃, 자연의 발전사, 새에 관한 설명이 실려 있지.

어른들도 보는 사이트여서 잘 모르는 부분이 있기도 하겠지만, 자연을 공부하고 환경을 지키기 위해 어른들이 무슨 일을 하는지도 알 수 있단다.

작은 도감도 읽어 보렴. 이 책에 나오는 모든 식물, 동물을 도감으로 만들어 놓았어. 도감이란 식물이나 동물을 바로 눈앞에서 보는 것처럼 설명하려고 만든 것인데, 그림과 함께 특징을 설명해 놓았어. 작은 도감을 먼저 보고 이 책을 읽으면 책에 나오는 그림들이 더 친숙하게 느껴질 거야.

머리말부터 읽으렴

책을 읽을 때 어디부터 읽니? 가장 먼저 머리말을 보고 책을 읽기 시작하렴. 머리말은 글을 쓴 저자가 이 책을 쓰게 된 이유와 책의 구성 등에 대해 적어놓은 것이어서 책 한 권을 전체적으로 이해하는 데 큰 도움이 된단다.

과학 지식을 넓히자

18~19쪽의 그림 설명을 보면 암모나이트, 삼엽충 등이 그려져 있어. 지금은 볼 수 없는 동물들이지. 그들의 생김새와 살았던 시대가 그림 옆에 적혀 있어. 이런 그림 설명을 계속 읽다 보면 '더 자세히 알 수 없을까?' 하는 궁금증이 생길지도 몰라. 그러면 다른 책을 찾아 읽어 보렴. 지식이 더 깊고 넓어지게 돼서 다른 과학책을 읽을 때 훨씬 재미있게 읽을 수 있게 된단다.

메모지를 활용하자

이 책을 읽을 때 낯선 낱말들이 많아서 내용을 이해하는 속도가 고민된다면 메모지를 붙여 보렴. 메모지에 낱말의 뜻을 적은 뒤 그 페이지에 붙여두는 거지. 읽다가 그 단어가 또 나오면 메모지를 붙여놓은 페이지로 돌아가 다시 읽으면 되거든. 한 번 더 낱말을 찾지 않아도 되고, 낱말의 뜻도 저절로 알게 될 거야.

25일 완성! 창의독서법

제5장 수학과 절친되는 책 읽기

수학 귀신

〈수학 귀신〉은 수학을 싫어하는 한 소년이 꿈 속에서 수학 귀신을 만나 수학의 원리를 깨우쳐 가는 수학 소설이다. 수학 귀신과 주인공 로베르트의 즐거운 여행이 밤마다 펼쳐진다.

열 번째 밤에 나오는 전개도를 참고해서 입체도형을 직접 만들어 보렴.

출판사 비룡소 / 옮긴이 고영아
지은이 H. 엔첸스베르거 / 그린이 R. 베르너

귀신같이 수학 문제를 풀 수 있어

누구나 '제발 오늘 밤 꿈에서 수학시험문제 정답을 가르쳐 주길!' '시험지에 정답만 써 주는 마법의 연필이 있다면 얼마나 좋을까?' 이런 상상을 한두 번은 해 봤을 거야.

〈수학 귀신〉의 로베르트도 다르지 않았지. 그런 로베르트가 수학 귀신을 만나 수학의 재미에 점점 빠지게 된단다.

흔히들 수학은 단순 계산이 중요한 게 아니라 원리를 찾고 이해하는 것이 중요하다고 해. 그런데 그게 말처럼 쉽지만은 않잖아.

이 책은 주인공 로베르트와 수학 귀신의 대화 속에서 수학의 원리를 이끌어내고 있단다. 그리고 누구나 한번쯤 경험해 봤음직한 꿈 속 상황을 설정해 이해를 돕고 있지. 읽기 편한 소설 형식으로 수학 이야기를 풀어 썼기 때문에, 어렵게만 생각하던 수학의 원리가 한층 쉽게 느껴질 거야.

'증명'의 길을 완주하렴

〈수학 귀신〉은 열두 개의 밤으로 나누고 각각 신기한 세계로 여행을 떠나 수학의 원리를 눈앞에 펼쳐보여 준단다.

열한 번째 밤, 숫자 보여 주기에서 이젠 숫자 놀이의 규칙을 '증명' 하기 위한 여행이 시작되지. 왜 그렇게 되는지 의문을 품게 된 로베르트는 험난한 증명의 길을 떠나게 된 거야.

하지만 수학 귀신조차 어려워 손을 못 대는 일이 다반사라고 하니 여러분도 좌절금지! 겁내지 말고 그림을 연상하면서 읽으면 기억이 되살아나고 푸는 것도 어렵지 않을 거야. 네가 쓰고 있는 연필을 '은빛 손잡이가 달린 산책용 지팡이' 라고 상상해 봐. 어렵게만 생각하던 수학 문제들이 마술처럼 술술 풀릴지도 몰라.

'찾아보기' 를 찾아 봐!

이 책에선 수학 용어를 로베르트의 눈높이에 맞춰 쉬운 단어로 바꿔 설명하고 있단다. 예를 들면 거듭제곱은 깡충 뛰기, 제곱근은 뿌리, 소수는 근사한 수, 팩토리얼은 쾅, 삼각형 숫자는 야자수 열매로 말이야. 이 밖에도 이 책에서만 볼 수 있는 재미있는 표현들이 많단다. 이런 낱말들이 읽는 즐거움을 더해 주지. 하지만 생소한 낱말 때문에 헷갈릴지도 몰라. 그럴 땐 '찾아보기' 를 활용하렴. 앞서 나온 내용을 다시 확인할 때도 요긴할 거야.

수학소설을 찾아 읽어 보렴

어렵기만한 수학을 흥미로운 이야기와 함께 읽으니 지루함도 덜하고 이해하기도 훨씬 쉽지 않니? 또다른 수학소설을 읽고, 같은 원리를 어떻게 다른 이야기로 풀어냈는지 비교하는 것도 재밌을 거야.

<비밀, 거짓말 그리고 수학> <수학의 유혹>이란 책도 읽어 보렴.

전개도를 이용해 입체도형을 만들어 봐

열 번째 밤에 여러 가지 전개도가 나온단다. 이 전개도를 참고해서 입체도형을 직접 만들어 보렴. 그리고 232쪽에 그려진 전개도를 따라 그린 후 어떤 입체도형이 될지 만들어 보렴.

저자가 참을성있게 정확하게 할 때에만 입체도형이 만들어진다고 밝혀놨으니, 금방 만들어지지 않는다고 투덜대는 건 금지!

여성 수학자를 알아 보렴

로베르트는 수학궁전에서 그 많은 수학 귀신들 가운데 여자가 거의 없다는 사실에 놀라움을 느낀단다. 역사에 기록된 여성 수학자로는 누가 있는지 궁금하지 않니? 그녀들의 생애와 업적을 찾아 읽어 보렴. 알려지지 않은 재미있는 이야기가 많을지도 몰라.

21일 천재 수학자들은 어떻게 살았을까?

수학의 열정을 닮아라
가우스

위대한 수학자 '가우스'의 일생을 통해
수학에 대한 열정과 포기를 모르는 자세를 배우고
그의 업적을 살펴 본다.

출판사 살림어린이
지은이 신현배 / 그린이 조경란

가우스를 통해 열정을 배우렴

수학에 관한 책을 읽다 보면 '가우스'라는 인물이 자주 등장한단다. 그만큼 수학적 업적이 큰 사람이라는 뜻이겠지.

1부터 100까지의 수를 더하라는 학교 선생님의 질문에-보통의 학생이라면 1+2+3+…100 이렇게 순서대로 더했을 텐데-10살의 가우스는 1+100, 2+99, 3+98…50+51 이렇게 합이 101인 수가 50개라는 것을 발견하고 5,050이라는 답을 구했단다.

남다른 계산법으로 선생님을 깜짝 놀래킨 10살의 수학 천재는 이 일을 계기로 든든한 후원자를 얻게 되었어.

사실 가우스는 가난한 벽돌공의 아들로 태어나 어려운 집안 형편 때문에 공부를 하기 어려웠단다. 하지만 수학에 대한 끊임없는 열정과 배움에 대한 열망 그리고 노력하는 자세에 감동받은 후원자들 덕분에 공부를 계속할 수 있었지.

일생 동안 수학에 대한 멈추지 않는 열정을 보여 준 가우스이기에 오늘날 위대한 수학자로 칭송받는 게 아니겠니?

실존인물에 대해 쓴 '전기문'

이 책은 실존인물 '가우스'의 업적과 성품 등을 알려 교훈을 주는 책이야. 이런 책을 '전기문'이라고 해. 전기문은 인물이 태어나서 활동했던 시대의 배경과 사상 그리고 업적을 좀더 사실적으로 드러내는 특징이 있지. 그래서 전기문을 보면 인물의 성품과 업적을 알 수 있는 '일화'들이 많이 나오곤 해.

이 책은 3살의 가우스가 아버지가 틀린 곱셈을 고쳐 준 일화, 10살의 가우스가 남다른 계산법으로 선생님을 놀래킨 이야기 등을 들려주고 있어. 또 가우스의 수학적 업적뿐만 아니라, 소행성 세레스의 궤도를 예측해 천문학에도 기여한 일화를 들려 준단다.

수록된 정보들도 놓치지 마렴

책을 읽다 보면 어려운 낱말에 별표가 붙어 있는 걸 볼 수 있을 거야. 책 아래에 낱말 설명을 따로 해두었단다. 그리고 가우스의 일생을 그림과 함께 재미있게 들려 준 후, 그의 업적과 함께 또다른 정보들도 수록해 놓았으니 놓치지 말고 꼭 읽어 보렴.

가우스의 수학 이론에 대해 알아 보렴

가우스는 위대한 수학자답게 일생 동안 수학에 대한 연구를 게을리하지 않았어. 특히 그는 <정수론 연구>라는 책을 통해 수학의 역사를 바꿔놨다고까지 평가받고 있는데, 인터넷이나 백과사전을 통해 '정수론'에 대해 알아 보렴.

가우스와 우정을 나눈 소피 제르맹

이 책에는 가우스와 편지를 주고받으며 우정과 학문을 쌓은 프랑스의 여성 수학자에 대한 이야기도 나온단다. 그녀가 바로 '소피 제르맹'이야. 그녀의 전기를 읽으면 가우스와도 만날 수 있을 거야.

전기문 더 읽기

전기문은 한 인물의 삶과 시대적 배경을 살펴 그 일생의 발자취를 알아볼 수 있게 해 주지. 그래서 그 삶을 통해 현재 우리가 얻을 수 있는 교훈을 되새겨 준단다.
역사적 인물을 소재로 한 전기문을 읽고 그들이 존경받는 이유를 찾아내 본받도록 노력해 보렴.

22일 옛날 이야기 안에 수학 있다?!

옛날 옛적에
수학이 말이야

세계 여러 나라에서 전해 내려오는
옛이야기 14편을 소개하고, 각 이야기 속에 담긴
수학적 원리를 찾아내 설명해 준다.
옛이야기를 통해 수학의 원리를 배울 수 있다.

세계 각국에 전해 내려오는 옛이야기에 담긴 수학적 원리를 설명해 준단다.

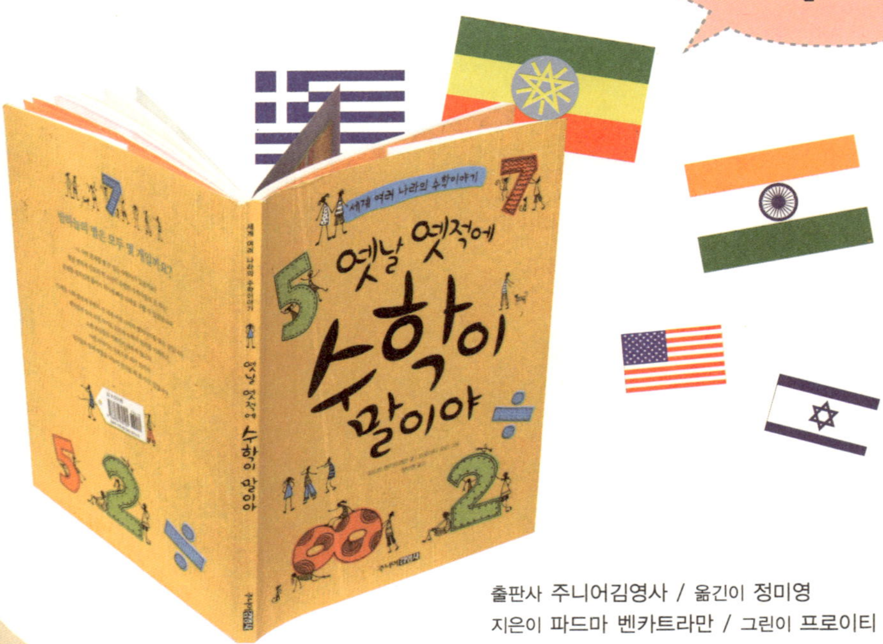

출판사 주니어김영사 / 옮긴이 정미영
지은이 파드마 벤카트라만 / 그린이 프로이티 로이

수학의 원리 찾는 타임머신을 타 보렴

가까운 '중국'에 가 본 친구는 있을 거야. 하지만 수백 년 전의 중국에 가 본 친구는 없겠지. 특히 수학의 원리까지 알게 되는 여행은 꿈도 못 꾸겠지.

하지만 〈옛날 옛적에 수학이 말이야〉와 함께라면 타임머신 타고 시간 여행을 하듯 세계 각국의 옛이야기를 만날 수 있단다. 보너스로 수학의 원리까지 알게 된다면 정말 유익한 여행이 되지 않겠니?

각 나라마다 언어가 다르고 사는 모습이 다르듯이 숫자를 세는 방법도 조금씩 달랐단다. 이 책은 나라별로 숫자를 세는 특별한 방법에 대해 알려 주고 있지.

세계 각국에 전해 내려오는 옛이야기를 총 14편 수록해 옛 사람들의 지혜를 알려 줄 뿐만 아니라, 각 이야기 속에 담긴 수학적 원리를 찾아내 자세하게 설명해 준단다. 다른 나라보다 일찍 수학이 발달했던 인도, 그리스, 중국 등에 전해내려오는 옛이야기를 재미있게 읽으렴.

이야기를 분석해 보렴

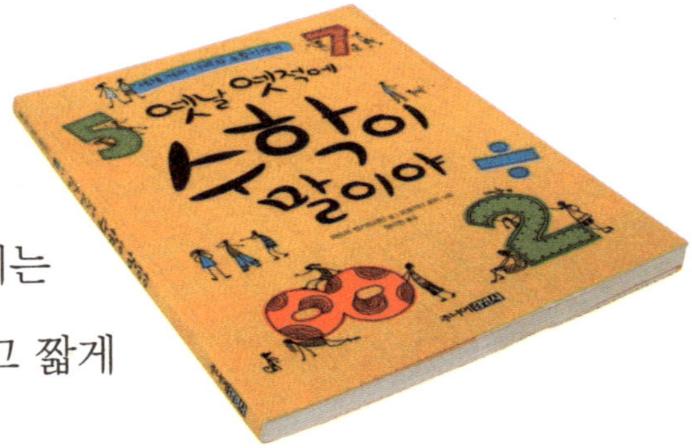

왕의 총애를 한몸에 받는 버발, 그를 시기하는 신하들은 어려운 문제로 혼을 내 주려고 했어. 그 문제는 '선' 하나를 그어놓고, 손을 대지 말고 짧게 만들어야 한다는 것이었지.

어떤 난감한 상황에 놓였을 때 그 문제를 해결하기 위해서는 '생각의 전환' 도 필요하단다. 굳이 수학적 원리를 적용하지 않더라도 수학 문제를 풀 수 있거든.

'여기엔 어떤 비밀이 숨겨져 있을까?' '어떻게 문제를 해결할 수 있을까?' 이런 질문을 하면서 옛이야기를 읽어 보렴.

자세하게 설명해 주니 겁내지 마렴

"나누기는 빼기를 되풀이하는 거라고 보면 돼. 즉, 10÷5는 10에서 5를 뺄 수 있을 만큼 빼는 거지. 몇 번을 뺄 수 있을까? 두 번. 두 번 뺄 수 있으니까 10÷5=2가 되는 거란다."

이 책에서는 이야기를 먼저 들려 준 후, 그 이야기에 숨어 있는 수학적 원리를 위와 같이 자세하게 풀이해 주고 있단다. 그러니까 이야기는 재미있게, 원리를 설명하는 글은 꼼꼼하게 읽으렴.

인도의 수학사를 더 읽어 보렴

총 14편 중 인도 이야기가 5개를 차지할 정도로 인도의 수학은 세계 수학사에서 차지하는 비중도 크고 공헌도 크다고 볼 수 있지. 이 책에는 인도의 수학자에 대한 정보들이 수록되어 있단다.

'브라마굽타'나 '아리아바타'에 대한 자료를 찾아보고, 세계 수학사에서 그들이 일군 업적을 찾아 보렴. 그리고 가장 오래된 인도의 수학책 <바크살리 문서>에 대해서도 알아 보렴.

세계지도를 펴고 수학의 발자취를 추적해 보렴

'아라비아숫자'라고 부르지만 사실 아라비아숫자의 시초는 인도라는 것을 알았을 거야.

서로 다른 지역에 있으면서, 다르지만 비슷하게 발전해 나간 수를 보면 신기하지 않니? 책에 수록된 나라들을 세계지도를 통해 확인해 가면서 보면 학습 능력을 더 향상시킬 수 있을 거야.

23일 따분한 수학? 동화만큼 재미있는 수학!

리틀 수학 천재가 꼭 알아야 할 수학이야기

어려운 공식이 아닌, 생활 속 가까이에 있는 수학에 대한 이야기가 펼쳐진다. 재미있는 그림과 흥미로운 이야기를 통해 수학에 관심을 갖게 한다.

출판사 교학사
지은이 신경애 / 그린이 이민경

'수학책'이 아닌 '이야기책'으로 보렴

생일을 축하해 주기 위해 친구들이 집에 놀러 왔다고 생각해 보렴. 케이크에 초를 꽂고 노래를 불러 주는 친구들. 자, 이제 케이크를 사이좋게 나눠먹을 시간이 됐어. 4명의 친구들과 내 몫까지 5등분을 해서 먹어야 하는데 공평하게 나눌 수 있는 쉬운 방법이 없을까?

〈리틀 수학 천재가 꼭 알아야 할 수학이야기〉라는 책을 보면 '고대 이집트 사람들의 빵 나눠먹기 계산법'이 재미있는 그림과 함께 소개되어 있단다. 수학은 어려운 공식으로 책에만 존재하는 게 아니라 생활 속에 존재하는 거라는 걸 알 수 있지.

여러분 중엔 '숫자만 보면 머리가 아파' '수학은 어렵고 따분해'라고 생각하는 친구들도 있을 거야. 그런데 이 책은 볼수록 수학의 재미를 느끼게 되는 이야기책이란다. 우리 주변에서 흔히 볼 수 있는 과일이나 꽃, 동물, 축구공, 영화 속에 숨겨진 수학의 비밀을 흥미롭게 풀어서 설명해 주고 있지. 그리고 고대 수학자들 얘기는 옛날 전래동화만큼이나 친숙하고 재미있어서 수학에 대한 흥미를 높여 줄 거야.

엄마, 아빠, 친구들과 함께 퀴즈대잔치!

이 책에는 수학마술, 암호 만들기, 숫자카드놀이 등 엄마, 아빠, 친구들과 함께 할 수 있는 '수학놀이'가 수록돼 있어서 읽기와 동시에 체험을 통해 수학을 배울 수 있단다. 재미있는 그림으로 설명돼 있어 이해하기 쉬울 거야.

핵심 문장으로 수학공책을 만들어 보렴

재미있는 이야기책이지만 그 속엔 수학이 있다는 걸 명심하렴.

책을 읽다 보면 컬러로 인쇄된 문장을 보게 될 거야. 바로 핵심 개념을 정리해 준 문장이지. 이 부분만 따로 공책에 적어두어도 나만의 훌륭한 수학개념공책이 될 수 있어.

또 하나, 어려운 문제를 풀어낸 공식도 적어두면 좋겠지. 예시문제와 풀이를 적어놓으면 그와 관련된 수학 문제는 자신있게 풀 수 있게 될 거야.

'피타고라스의 정리'에 대해 알아 보자

고대 수학자 피타고라스와 제자들은 무리수는 물론이고 수많은 수학의 비밀을 발견하고도 그 비밀을 숨기려고 했단다. 하지만 그 비밀은 그리 오래 지켜지지 않고 세상 밖으로 나왔지. '피타고라스의 정리'라고 불리는 수학의 비밀들을 파헤쳐 보렴.

또다른 측량 단위로는 무엇이 있을까?

미터(m)나 킬로그램(kg) 등의 측량 단위가 만들어진 것은 고작 200년 전이라고 책에서 읽었을 거야.

공통적인 수의 기준이 없다면 어떻게 될까? 각 나라별, 지역별로 단위를 재는 기준, 즉 측량 단위가 다르면 아마 싸움이 끊이지 않을 거야. 미터나 킬로그램 외에 또다른 측량 단위에 대해서도 알아 보렴.

평소에 어려워하던 수학과 친해지기

생활 속 수학과 만나 보렴. 책을 통해서 수학은 우리 생활 속에 있다는 걸 알게 됐을 거야. 이제 어렵게만 생각하던 수학에 손을 내밀어 친구가 되는 연습을 계속해 보는 게 어떨까? 끊임없이 사물을 관찰하고 논리적인 사고력을 키운다면 머지않아 수학과 '절친'이 될 수 있을 거야.

각양각색,
수를 그려 보아요!

'수를 그림으로 나타내는 그래프'의 원리와 표현 방법을 설명해 주는 책이다. 그림이 수를 어떻게 표현하는지를 통해 수학의 기본 개념을 알 수 있게 도와 준다.

수학적 그림 그리기의 원리를 이해해서 효율적인 표현 방법을 찾아 보렴.

출판사 주니어랜덤
지은이 전지은 / 그린이 이영규

수학적 그림의 원리를 이해해 보렴

"지난 해 우리나라 전체 교통사고는 97만여 건이었다. 이는 2008년 95만여 건에 비해 2.5% 증가한 수치이다"라는 문장을 간단하게 표현하는 방법은 없을까?

숫자로 된 자료를 그림으로 그리는 것, 즉 수를 그림으로 그리는 대표적인 방법이 그래프란다.

〈각양각색, 수를 그려 보아요!〉에서는 '수를 그림으로 그려서 한눈에 보기 쉽도록 만든 그래프의 원리와 표현 방법'에 대해 동화를 통해 쉽고 재미있게 보여 주고 있어.

이 책에는 그래프의 원리를 설명하고 어떻게 그려야 잘 표현이 되는지, 수를 어떻게 표현하는지, 그래프를 보고 어떻게 해석할 것인지 등에 대한 설명도 자세히 나와 있어.

제대로 이해한 사람만이 복잡한 것을 간단명료하게 나타내는 방법을 찾아낼 수 있단다. 수학적 그림 그리기의 원리를 이해해서 효율적인 표현 방법을 찾아 보렴.

분석력과 응용력이 높아져

혹시 수학에도 응용력이 중요하다는 걸 알고 있니? 응용력을 키우기 위해서는 먼저 원리를 이해하고 개념을 정확하게 알고 있어야 해. 그렇지 않고 수식만 외우면 약간만 문제 유형이 바뀌어도 손을 못 대게 되거든.

이 책에서는 수를 그림으로 그려 쉽게 문제를 해결하는 원리와 방법에 대해 자세하게 설명해 주고 있어. 주인공 시찬이를 따라 문제를 풀다 보면 자료를 분석하는 방법과 수학적 응용력을 쑥쑥 키울 수 있을 거야.

그림에서 많은 것을 알게 돼

수를 그림으로 나타내는 방법 등을 알려 주는 책인 만큼 그림도 소홀히 보면 안 돼.

그래프를 보고 분석하는 방법과 어떤 기준으로 해석하는지 설명하고 있기 때문에 그림 자료들을 꼭 확인하고 글을 읽어야 해. 그리고 각 단원 끝에 있는 '쉬어가기'에서는 보충 설명을 해 주고 있으니까 내용을 이해하는 데 도움이 될 거야.

수 그리기 연습을 해 보렴

시찬이가 고래, 코끼리의 수를 그래프로 나타냈듯이 친구들도 직접 그림을 그려 보렴. 신문이나 방송을 보면 각종 여론조사 결과를 보여 주는데, 그런 것을 참고하는 것도 좋을 거야.

그래프, 아직도 궁금해~.

그래프의 원리와 개념이 조금은 잡혔을 거야. 수를 그림으로 그리는 그래프는 언제부터 이용된 걸까? 누가 그래프를 처음 그렸을까? 그래프에 대해 궁금한 점을 책을 통해 확인해 보렴. <천재들이 만든 수학퍼즐> <초등수학 비타민E> 등에서 정보를 얻을 수 있을 거야.

통계자료, 어떻게 해석할까?

교통사고율, 진학률 등 우리 생활은 수많은 통계와 수로 둘러싸여 있단다. 사회생활뿐만 아니라 과학적으로 무엇을 증명하거나 근거가 필요할 때도 통계자료는 중요하게 쓰이고 있지. 통계자료를 어떻게 분석하는지 관련 책을 찾아 읽어 보렴.

<통계 속의 재미있는 세상 이야기> <초등학생이 꼭 알아야 할 교과서 속 통계 만화> 등을 참고하렴.

25일 수와 도형을 맛있게 먹는 원리?!

원리로 양념하고
재미로 요리하는
수학파티 1~2

수학에 대한 궁금증을 교과서 내용에 맞게
풀어 낸 책으로, 수와 도형을 중심으로
수학의 원리와 기원을 분류해 설명해 준다.

예시 문제를 통해 수학의 원리와
공식을 쉽게 설명해 주고 있어.

출판사 휘슬러
지은이 조윤동

예시 문제를 통해 원리와 공식을 이해하렴

그저께는 밤 11시에 잠들어 아침 7시 30분에 일어났고, 어제는 밤 10시에 잠들어 아침 7시에 일어났다고 할 경우, 이틀 동안 평균 몇 시간을 잔 걸까?

문제가 너무 시시하다고 툴툴거리는 친구들도 있을 거야. 하지만 이런 계산 문제가 좀더 복잡하게 얽혀 있을 때, 원리를 아는 친구들에겐 쉬운 문제지만 그렇지 않은 친구들에겐 손을 대지 못할 정도로 어려운 문제일 수도 있단다.

〈원리로 양념하고 재미로 요리하는 수학파티〉는 예시 문제를 통해 수학의 원리와 공식을 쉽게 설명해 주고 있어. 또 '0'의 기원과 그로 인해 크게 발전하게 된 수셈에 대해서도 역사적인 사례를 들어 가며 재미있게 알려 주고 있지.

핵심 용어의 개념은 붉은색으로 쓰여 있어 한눈에 요점 파악이 가능하게 되어 있으니 수학 공부가 어렵지만은 않을 거야.

'마방진'의 비밀을 풀면 재미가 두 배!

이 책은 마방진의 유래와 동서양에서 나타난 역사적 사례들을 알려주고 있어. 또 수학자뿐만 아니라, 중세 때는 그 신비로움으로 인해 마법으로도 사용됐다는 설명이 자세하게 나온단다.

예를 들면 중국에서는 마방진을 주역과 연결시켰고 병법에도 적용했다고 해. 또 서양에서는 점성술과 신앙에 연결시켜 사용하기도 했고. 이렇게 고대 수학의 이야기를 자세히 설명해 주니 마방진의 신비를 푸는 게 힘들지만은 않을 거야.

양념통, 컬러박스, 그림을 참고하렴

지금은 골동품이 되어 버린 주판, 세계 최초로 만들어진 자동계산기, '뫼비우스의 띠'에서 영감을 얻은 판화가 에셔의 작품 등 접해 보지 못한 다양한 그림과 사진을 '양념통'과 '컬러박스'를 통해 확인할 수 있단다. 또 개념과 원리를 재미있는 그림으로 설명해 주기 때문에 많은 도움을 받을 수 있단다.

수학자 '최석정'의 수학책을 읽어 보렴

조선 후기 수학자 최석정은 책에서 읽었듯이 <구수략>이라는 책에서 3차에서부터 10차까지의 마방진을 소개했다고 해. 오히려 우리는 한국의 수학사에 대해선 더 모르고 있는 것 같아. 한국의 수학책을 읽어 보렴.

지름길 내비게이터가 되어 보자

나팔꽃이나 수세미 같은 덩굴 줄기조차도 '가장 효율적이며 빠른 길'을 선택해 막대기 같은 것을 감싸안고 올라간다고 하지. 또 '반사의 원리'를 이용해 빠른 길을 찾는 방법을 책에서 설명해 준단다. 여러분도 학교를 빠르게 갈 수 있는 비법 등 자신의 생활 동선을 최대한 짧게 계획하고 이동해 보렴. 하지만 안전한 길만큼 효율적인 길은 없다는 것을 명심하렴!

'닮은 도형'과 지도의 '축척'은 닮은 꼴?

'닮음'은 주어진 도형을 같은 비율로 모든 변의 길이를 확대하거나 축소한 것을 말하는데, 이를 이용해 그리스 수학자는 피라미드의 높이를 쟀다는 것을 알았을 거야. 지도를 보면 '2만5,000분의 1' 등과 같이 실제 거리와 지도상의 거리를 비율로 나타낸 수, 바로 '축척'이 있단다. 수학과 지도를 동시에 경험할 수 있는 축척에 대해 좀더 알아 보렴.

과목별 교과 관련 책, 똑똑하게 읽기

자기주도 창의 독서법

초판 1쇄 인쇄 | 2010년 9월 10일
초판 1쇄 발행 | 2010년 9월 20일

지은이 | 신경화

펴낸이 | 남주현
펴낸곳 | 채운북스(자매사 채운어린이)
주소 | 서울시 마포구 창전동 5-11 3층(우 121-190)
전화 | 02-3141-4711(편집부) 02-325-4711(마케팅부)
팩스 | 02-3143-4711
전자우편 | chaeun1999@empas.com
디자인 | design86 강루미
출력 | 아이앤지 프로세스
종이 | 세종페이퍼
인쇄 | 대원인쇄
제책 | (주)세상모든책

ISBN 978-89-94608-01-3 (63590)
*잘못된 책은 구입하신 서점에서 바꾸어 드립니다.